CHINA CONTEMPORÂNEA
Seis interpretações

Ricardo Musse (Org.)

CHINA CONTEMPORÂNEA
Seis interpretações

Alexandre de Freitas Barbosa
Alexis Dantas
Bruno Hendler
Elias Jabbour
Francisco Foot Hardman
Luiz Enrique Vieira de Souza
Wladimir Pomar

autêntica

Copyright © 2021 Os autores

Todos os direitos reservados pela Autêntica Editora Ltda. Nenhuma parte desta publicação poderá ser reproduzida, seja por meios mecânicos, eletrônicos, seja via cópia xerográfica, sem a autorização prévia da Editora.

EDITORAS RESPONSÁVEIS
Rejane Dias
Cecília Martins

REVISÃO
Felipe Magalhães

CAPA
Diogo Droschi

DIAGRAMAÇÃO
Christiane Morais de Oliveira

Dados Internacionais de Catalogação na Publicação (CIP)
Câmara Brasileira do Livro, SP, Brasil

China contemporânea : seis interpretações / Alexandre de Freitas Barbosa ... [et al.] ; organização Ricardo Musse. -- 1. ed. -- Belo Horizonte: Autêntica, 2021. -- (Ensaios ; 1)

Outros autores : Alexis Dantas, Bruno Hendler, Elias Jabbour, Francisco Foot Hardman, Luiz Enrique Vieira de Souza, Wladimir Pomar

ISBN 978-65-5928-048-3

1. Ciências políticas 2. China - Civilização 3. China - Comércio - Estados Unidos 4. China - Condições econômicas 5. Geopolítica I. Dantas, Alexis. II. Hendler, Bruno. III. Jabbour, Elias. IV. Hardman, Francisco Foot. V. Souza, Luiz Henrique Vieira de. VI. Pomar, Wladimir. VII. Série.

21-63099   CDU-341

Índices para catálogo sistemático:
1. China : Comércio internacional 341

Aline Graziele Benitez - Bibliotecária - CRB-1/3129

Belo Horizonte
Rua Carlos Turner, 420
Silveira . 31140-520
Belo Horizonte . MG
Tel.: (55 31) 3465 4500

São Paulo
Av. Paulista, 2.073 . Conjunto Nacional
Horsa I . Sala 309 . Cerqueira César
01311-940 . São Paulo . SP
Tel.: (55 11) 3034 4468

www.grupoautentica.com.br
SAC: atendimentoleitor@grupoautentica.com.br

Sumário

Apresentação 7
Ricardo Musse

1. A ascensão chinesa e a economia-mundo capitalista: uma perspectiva histórica 9
Alexandre de Freitas Barbosa

2. Apontamentos sobre a geopolítica da China 41
Elias Jabbour e Alexis Dantas

3. Comentários sobre a economia política chinesa 69
Wladimir Pomar

4. Crise de hegemonia e rivalidade EUA-China 95
Bruno Hendler

5. Simultaneísmo e fusão na paisagem, na cultura e na literatura chinesa 129
Francisco Foot Hardman

6. Civilização ecológica ou colapso ambiental? 163
Luiz Enrique Vieira de Souza

Sobre os autores 193

Apresentação

Ricardo Musse

A trajetória recente da China não cessa de causar admiração. O mundo acompanha atônito seu impressionante desenvolvimento econômico, a transformação de sua manufatura em oficina do mundo, o surgimento de cidades monumentais que brotam do nada, conectadas entre si por trens de alta velocidade.

Essa nova potência comercial, industrial e financeira desperta não apenas sentimentos contraditórios, mas também muitas indagações: como ela consegue combinar uma economia de mercado com um sistema político fechado, o planejamento estatal com a livre-iniciativa de gigantescas empresas privadas? O que pretende com a "Iniciativa Cinturão e Rota"? Quais são os efeitos dessa modernização acelerada e tecnológica sobre a vida cotidiana?

Este livro se propõe a fornecer respostas para essas e outras questões. O leitor encontrará aqui explicações sobre a gênese, o desenvolvimento e o futuro da China; interpretações sobre as características principais da economia, da sociedade, da vida política e da cultura do país-continente.

Os ensaios foram redigidos por destacados analistas brasileiros, um grupo selecionado por suas contribuições relevantes e originais, resultantes de estágios de pesquisas no território chinês.

Alexandre de Freitas Barbosa confronta, na longa duração, as particularidades históricas do Ocidente e da China, diferenças que levaram, com a ascensão chinesa, a uma reorganização da economia-mundo capitalista.

Elias Jabbour e Alexis Dantas examinam o papel do Estado na gestão, na coordenação e na planificação da economia. Essa intervenção teria gestado uma formação econômico-social específica: o socialismo de mercado.

Wladimir Pomar comenta o ponto de vista de economistas marxistas chineses sobre a questão "capitalismo *versus* socialismo" e suas estratégias para desenvolver as forças produtivas, reduzindo a polarização social.

Bruno Hendler, a partir do exame de dados factuais, afirma que a transição do ciclo sistêmico de acumulação protagonizado pelos EUA para o impulsionado pela China não configura uma nova hegemonia, mas, antes, o acirramento da rivalidade.

Francisco Foot Hardman descortina as afinidades culturais entre o Brasil e a China, pela via da recepção brasileira de dois expoentes da arte chinesa contemporânea: o escritor Mo Yan e o cineasta Jia Zhangke.

Luiz Enrique Vieira de Souza faz um balanço do andamento contraditório da questão do meio ambiente, da polaridade entre fluxos de modernização ecológica e vetores de degradação ambiental.

1
A ascensão chinesa e a economia-mundo capitalista: uma perspectiva histórica

Alexandre de Freitas Barbosa

Introdução

Este texto procura lançar hipóteses e tecer conjecturas sobre a transformação chinesa recente por meio de um debate no seio da história econômica e da economia política.

A principal dificuldade para se compreender a economia chinesa reside na esfera conceitual. A maioria dos textos produzidos pelos autores ocidentais – especialmente economistas – parte de premissas demasiadamente rígidas, como se a China devesse se conformar aos seus modelos. Como isto não acontece, são utilizadas definições de escasso potencial analítico para descrever o "modelo chinês".

Ou se concebe um "capitalismo de Estado", como se pudesse existir um capitalismo sem Estado, ou se parte da denominação "capitalismo político", sintetizado pela China, que disputaria com o "capitalismo meritocrático progressista", protagonizado pelos Estados Unidos, os destinos da economia global do século XXI.¹ Essa visão dualista reflete a ausência de uma reflexão conceitual sobre o capitalismo na sua longa duração histórica e no seu complexo enraizamento espacial.

Por outro lado, economistas e intelectuais chineses referem-se a um modelo descrito como "socialismo com características chinesas", também furtando-se de um diálogo com a história econômica e a economia política. Essa definição foi chancelada, em setembro de 1982, no décimo segundo Congresso Nacional do Partido Comunista da China (PCCh), então presidido por Deng Xiaoping. Já sob a liderança de Xi Jinping, em 2017, admite-se que a China ainda se encontra no "estágio primário do socialismo", apesar de ingressar numa "nova era", a se completar em 2049 (data do centenário da Revolução), quando será atingida a meta de construção de um "país socialista moderno".² Por mais que cumpra um papel importante para soldar as elites chinesas em torno de um projeto de desenvolvimento de longo prazo, o conceito mais esconde do que revela.

O que se entende por capitalismo, mercado e socialismo em cada universo cultural e ideológico? Pode a reflexão sobre a China, a partir de uma perspectiva histórica, colaborar para que precisemos melhor os termos do debate contemporâneo, combatendo o viés eurocêntrico, mas sem que tenhamos que adotar a perspectiva dos estudiosos

---

[1] Cf. MILANOVIC, Branko. *Capitalism, Alone: The Future of the System that Rules the World*, p. 4-5, 12-13, 91-92.

[2] ZHANG, Xingxing. *A Brief History of the People's Republic of China*, p. 177-179, 306-308, 310.

chineses mais ou menos vinculados ao "sistema"? Este é o desafio do presente texto.

François nos propõe uma viagem ao universo filosófico chinês, como uma espécie de "desvio" para explicitar o que há de particular na aventura da razão europeia.[3] A China permitiria, desta forma, um esforço de "des(re)categorização" capaz de abrir os horizontes da reflexão ocidental. O mesmo autor nos aponta os dois vícios dos quais nos apartamos ao realizar este complexo exercício de contraste de perspectivas: o do "universalismo fácil" e o do "relativismo preguiçoso".

Buscando manter-nos equidistantes destes extremos, nossa empreitada assume o desafio de cunhar "novos elementos universalizantes" no plano conceitual que tornem possível situar as particularidades históricas do Ocidente e da China. Isso se faz cada vez mais necessário, uma vez que essas trajetórias se entrecruzam de maneira definitiva no pós-1980, quando se reconfigura a economia-mundo capitalista, como resultado da ascensão chinesa e das reações em cadeia dela resultantes.

Em vez de converter à força o real variegado – no nosso caso, a economia, ou melhor, as várias economias chinesas – a princípios supostamente universais, até porque ele reage à maneira confuciana, ou seja, como um bambu que verga com a força do vento para, depois, voltar a assumir a sua posição altaneira; parece-nos mais adequado aprender com sua resistência, e alargar as hipóteses e aplicações

---

[3] Cf. JULLIEN, François. *La China da que pensar*, p. 5-9.

conceituais, pois o que está em jogo, em última instância, é a nova feição da economia-mundo capitalista.[4]

O texto encontra-se organizado da seguinte forma: na primeira parte, discute-se a complexa interação entre capitalismo e mercado, de modo a precisar estes conceitos, situando-os nos seus devidos contextos históricos; já a segunda parte procura realizar um debate entre as várias abordagens que se detiveram a explicar porque o "capitalismo" não se desenvolveu na China ao longo dos séculos XVIII e XIX; a terceira parte procura atualizar, de forma sumária, a reflexão para o contexto contemporâneo. O objetivo é compreender como a ascensão chinesa leva a uma reorganização da economia-mundo capitalista.

Capitalismo e mercado: uma complexa interação

A teoria econômica convencional tratou de rejeitar, ao longo do século XX, o termo capitalismo, optando pela insossa denominação de "sistema de mercado". Para John Kenneth Galbraith, ao final do século XIX, o capitalismo denotava na Europa conflito de classes, enquanto nos Estados Unidos o substantivo possuía a conotação de

---

[4] Trata-se de uma oportunidade para demonstrar a contribuição de historiadores não da economia, mas para além da economia – como no caso de Fernand Braudel, Immanuel Wallerstein, Giovanni Arrighi e Celso Furtado –, revelando a natureza multifacetada dos mercados no contexto de uma economia-mundo capitalista em constante mutação, à maneira da filosofia chinesa, mas que preserva certos princípios norteadores, à maneira de certa tradição do pensamento ocidental.

monopólio. Em vez de poder econômico e de interesses sociais em confronto, existiria tão somente o mercado impessoal, autorregulável e neutro.[5]

Já o historiador Maurice Dobb lamentava-se que o termo "capitalismo" fosse usado de forma tão variada, não tendo prevalecido "qualquer medida comum de acordo quanto ao seu uso".[6] Neste sentido, ele compreende o capitalismo enquanto categoria histórica. Mas o problema não para por aí, já que são várias as periodizações, assim como as hipóteses acerca do "início do capitalismo", na medida em que diferentes interpretações levam a "histórias causais-genéticas" também distintas.

Seguindo à risca a interpretação marxista, não é o lucro como motor da atividade econômica o que caracteriza o capitalismo, mas a sua relação de produção típica, ancorada numa nova estrutura de classes.[7]

Neste sentido, para Dobb, o percurso do capitalismo como sistema socioeconômico pode ser traçado a partir de distintas etapas de seu desenvolvimento histórico.[8] Teria este sistema começado a desabrochar na segunda metade do século XVI e início do século XVII, quando passsou a "penetrar na esfera da produção em escala considerável". Entretanto, tratava-se ainda de um "capitalismo adolescente", já que o *putting-out system* ainda predominava e a

---

[5] Cf. GALBRAITH, John Kenneth. *A economia das fraudes inocentes: verdades para o nosso tempo*, p. 18-23.
[6] Cf. DOBB, Maurice. *A evolução do capitalismo*, p. 11-14.
[7] Cf. *Idem*, p. 18-22.
[8] Cf. *Idem*, p. 25, 30-32.

burguesia não aparecia como detentora do poder político. Seria apenas com a Revolução Industrial que poderíamos localizar "as dores do parto do capitalismo moderno".

A interpretação de Dobb capta a noção de processo, o qual não é linear e está repleto de contradições. Trata-se de um considerável avanço em relação à teoria econômica convencional, estática e inespecífica, que se presta a analisar qualquer sociedade de trocas, capitalista ou não, como se o mercado fosse uma esfera autônoma e isolada das relações sociais.

Neste ponto, vale ressaltar a contribuição de Karl Polanyi.[9] No seu entender, o mercado como um mecanismo capaz de articular oferta e demanda, por meio de preços flutuantes, é uma criação recente, do século XIX em diante, e a depender do espaço em questão. Até então existia o comércio a preço fixo, a longa distância, assim como o uso do dinheiro, mas sem a existência de "economias de mercado" envolvendo a produção generalizada para a troca.

Para Polanyi, é uma "falácia" conceber que o mercado sempre mobilizou o comércio e uso do dinheiro para agilizar as trocas. O mecanismo de mercado tampouco é resultado de uma lei de evolução orgânica, contínua, crescendo como uma mancha da pequena aldeia ao comércio global. Adicionalmente, tanto o comércio como o dinheiro, e mais adiante o mercado, encontram-se incrustados na sociedade, que delimita o seu alcance e orienta o seu funcionamento.

---

[9] Cf. POLANYI, Karl. *El Sustento del Hombre*, p. 49-53, 58-73.

Já para o historiador Fernand Braudel, o "modo de produção industrial" ou a relação salarial não são as particularidades essenciais e indispensáveis do capitalismo. Este seria caracterizado antes como "o lugar do investimento e da alta taxa de produção de capital".[10] No seu entender, o capitalismo é um lugar ou degrau superior na hierarquia econômica.

Em oposição ao cânone liberal, Braudel define o capitalismo como a "zona do contramercado", em que o monopólio campeia, enfim, no qual predomina "o reino da esperteza e do direito do mais forte".[11] Essa afirmação dá pano para manga, pois o capitalismo deixa de depender da livre iniciativa para se aninhar justamente onde se encontra a interseção entre o Estado e o mercado. Vive do monopólio, tanto antes como depois da Revolução Industrial.

Num degrau abaixo, encontra-se a "zona mais representativa da economia de mercado", responsável pelas ligações mais constantes entre os agentes econômicos e por um certo automatismo que une oferta, procura e preços. Escavando um pouco mais, podemos encontrar, segundo Braudel, um enorme andar térreo da vida material, a zona do inframercado, na qual "o mercado lança suas raízes, mas sem o prender integralmente". Aqui predomina "o signo obcecante da autossuficiência".[12]

Neste sentido, o capitalismo aparece como uma constante da Europa, desde a Idade Média. Inicialmente, teria vivido "como que enquistado", sem poder para se

---

[10] BRAUDEL, Fernand. "Os Jogos das Trocas", p. 197.
[11] *Ibidem.*
[12] *Idem*, p. 7.

expandir de modo a conquistar amplos segmentos da sociedade. Acumulando capital em determinados setores – mais propriamente na esfera da circulação, na qual "se sente verdadeiramente em casa" – sem avançar de maneira dinâmica sobre a economia de mercado da época, caracterizando-se mais pela diferença, com relação a "um não-capitalismo de proporções imensas". Esquecer a "topografia antiga do capitalismo", para dizer que este apenas aparece quando penetra na esfera da produção – "quando está em casa alheia" –, seria contar apenas parte da história.[13]

Portanto, segundo a perspectiva braudeliana, "não há uma história simples e linear do desenvolvimento dos mercados".[14] Mais importante ainda, o avanço de uma economia de mercado não tem por que espontaneamente engendrar o capitalismo. Essa disjuntiva abre novas hipóteses para se reconsiderar a economia chinesa antes da Revolução Industrial e discutir porque tal economia não se desenvolveu no sentido do capitalismo.

O conhecimento da experiência chinesa, e de outros espaços não europeus até o século XVIII, é o que habilita Braudel a compreender a história do capitalismo europeu na sua especificidade, fornecendo ao historiador o distanciamento necessário para situar o universal em sua particularidade. Do contrário, ele não poderia sentenciar que "a China é a demonstração perfeita de que uma superestrutura

---

[13] Cf. *Idem*, p. 200, 207, 216.
[14] *Idem*, p. 12.

capitalista não se instala, *ipso facto*, a partir de uma economia de ritmo animado e de tudo que ela implica. São necessários outros fatores".[15]

Como veremos em seguida, Giovanni Arrighi[16] amplia a formulação teórica de Braudel, revelando aspectos não antevistos pelo historiador francês ao mergulhar neste território, que é uma espécie de imagem invertida do percurso do Ocidente.

Para tanto, Arrighi segue as pistas metodológicas de Kenneth Pomeranz, para quem se torna impossível compreender as configurações globais pré-1800 partindo da hipótese de um sistema-mundo centrado na Europa.[17] Tratava-se de um "mundo policêntrico sem centro dominante", em que fatores conjunturais operaram a favor da Europa, mas não necessariamente por sua imposição.

O historiador salta para além da oposição excepcionalismo europeu *versus* imperialismo europeu ao adotar o "método comparativo recíproco". Em vez de uma norma rígida universal, tal como sugerida pelo filósofo François Jullien, ele procura traçar "desvios" a partir daquilo que seria visto como o normal, conforme as expectativas de cada região (Europa ou China) e seu respectivo padrão de desenvolvimento. Adicionalmente, as interações entre essas duas regiões com trajetórias distintas acabam por gerar

---

[15] *Idem*, p. 535.

[16] Cf. ARRIGHI, Giovanni. *Adam Smith in Beijing: Lineages of the Twenty-First Century*.

[17] Cf. POMERANZ, Kenneth. *The Great Divergence: China, Europe and the Making of the Modern World Economy*.

uma totalidade mais ampla em que a posição de cada parte impacta sobre o seu desenvolvimento posterior.[18]

Por que o "capitalismo"[19] não se desenvolveu na China?

Antes de prosseguir no tema deste tópico, seguem alguns relatos históricos sobre a pujante economia de mercado chinesa:

> O comércio também se desenvolveu de maneira espetacular. O controle estatal foi relaxado e isto permitiu que nas cidades os mercados não estivessem situados exclusivamente em uns poucos lugares estabelecidos pelo governo, tendo florescido pequenos comércios em todos os bairros. Ao mesmo tempo, se estabeleceram centros comerciais em todo o país e rotas de distribuição e intercâmbio em todo o império.
> Foram muito importantes as rotas de navegação, fluviais e marítimas, que possibilitaram à China olhar mais que nunca para o mar e para o intercâmbio com o Sudeste Asiático e mais além.[20]

Estas passagens, retiradas de um artigo de José Antonio Cervera Jimenéz, não seriam de todo surpreendentes, não

---

[18] POMERANZ, Kenneth. *The Great Divergence: China, Europe and the Making of the Modern World Economy*, p. 8-10.

[19] O termo surge em aspas em virtude das várias acepções que ele possui. Entretanto, para nenhuma delas, o "capitalismo" teria se desenvolvido na China ao menos até os séculos XVIII e XIX.

[20] CERVERA JIMÉNEZ, José Antonio. "La Dinastía Song (960-1279)", p. 155-158.

fosse por um detalhe: elas se referem à China da Dinastia Song (de 960 a 1279). O autor ressalta que o aumento da produtividade agrícola estava na base da transformação econômica, permitindo ao país chegar a uma população de 100 milhões de habitantes no século XII! Paralelamente, a indústria têxtil vivia um grande auge, e a China se tornava o grande centro mundial de fabricação de porcelana fina.

Vejamos como Braudel descreve a China do final do século XIII: "Assim, os chineses também têm seu 'comércio do Levante', e por muito tempo a China do comércio de longa distância nada teve de invejar à Europa. No tempo de Marco Polo, a China consome, diz ele, cem vezes mais especiarias do que a longínqua Europa".[21]

Para Braudel, havia uma "certa burguesia" e, inclusive, um "capitalismo colonial" dos emigrantes chineses, mas jamais um lugar privilegiado que avançasse sobre a economia de mercado, conquistando-a e alterando seu desenvolvimento endógeno e espontâneo.

Mas, enfim, por que o capitalismo como local privilegiado de acumulação não se desenvolveu na China? Braudel fornece duas respostas: uma, econômica e espacial; outra, política e social.[22]

Em primeiro lugar, em virtude do espaço superabundante, torna-se necessário um volume de acumulação de capital extremamente elevado – apenas obtido via conexões externas poderosas – para transformar uma dinâmica essencialmente incremental. Faltaria, enfim, "a realidade mercantil de alta

---

[21] BRAUDEL, Fernand. "Os Jogos das Trocas", p. 109.
[22] *Idem*, p. 519.

tensão", típica do comércio de longa distância, que tende a se isolar diante dos territórios imensos do continente.[23]

A segunda resposta é mais complexa e aprofunda a diferença da China com relação à Europa. A estrutura de poder chinesa estava concentrada numa camada: a sociedade burocrática. Não se trata de inexistência de comerciantes, já que o comércio, inclusive de longa distância, floresceu em vários momentos. Entretanto, nenhuma classe pode disputar o poder com os mandarins letrados, estando todas subordinadas a este estamento burocrático. Há, no máximo, uma "acumulação vitalícia". Mesmo os mercadores abastados impelem seus filhos a ocupar essas posições de destaque, "traindo" a sua classe.[24] Portanto, ou o Estado é "hostil às formas superiores de comércio", ou então "a circulação capilar dos mercados elementares basta para as necessidades da economia chinesa".[25]

Arrighi aponta que a diferença chinesa com relação à Europa não está na ausência de comércio ou sequer na sua liberalidade – lembremos que o comércio de longa distância europeu se fazia à base de privilégios –, mas na incapacidade da classe de mercadores para subordinar o Estado aos seus interesses expansionistas.[26]

Nesse sentido, é possível conceber uma economia de mercado dinâmica que não engendra o degrau superior

---

[23] *Idem*, p. 522.

[24] *Idem*, p. 531.

[25] BRAUDEL, Fernand. *La Dynamique du Capitalisme*, p. 36-37.

[26] ARRIGHI, Giovanni. *Adam Smith in Beijing: Lineages of the Twenty-First Century*, p. 333.

do capitalismo? Ora, segundo Arrighi, ao final do século XVIII, emergem dois padrões de desenvolvimento: a economia de mercado capitalista, como no caso europeu, que levou à Revolução Industrial; e a economia de mercado não capitalista, à maneira chinesa, que teria engendrado uma Revolução Industriosa, conceito inicialmente desenvolvido pelo teórico japonês Kaoru Sugihara.[27]

Na Europa, uma "peculiar combinação entre capitalismo, militarismo e territorialismo" faria com que o padrão de desenvolvimento assumisse um caráter mais extrovertido. Para tal tendência, o sistema de relações inter-Estados jogou um papel decisivo. A competição econômica entre as nações europeias se dava por meios políticos, pois a guerra assegurava a expansão dos mercados. Esta tendência à extroversão explicaria ainda o tipo de relação desenvolvida entre as burguesias e os Estados Absolutistas europeus.[28]

Por outro lado, e a partir da releitura de Arrighi,[29] a China, tal como descrita por Adam Smith,[30] seguiria "o caminho da maturidade econômica", a partir do emprego do capital "na sua sequência natural": da agricultura para a indústria e o comércio externo. Entretanto, segundo Smith, ao não aproveitar o mercado externo como via para ampliar a divisão social do trabalho propiciada por seu mercado interno, a China teria travado as suas possibilidades de expansão.

---

[27] *Idem*, p. 24-25, 32-33, 329.
[28] *Idem*, p. 30-32, 331-332.
[29] Cf. *idem*, p. 57-79.
[30] Cf. SMITH, Adam. *The Wealth of Nations*, v. 3, p. 479-484.

Em síntese, a China não saberia lidar com "a armadilha do equilíbrio de longo prazo", relacionada à sua limitada capacidade de gerar capital, apesar de se mostrar bastante hábil para mobilizar recursos humanos de maneira intensiva.[31]

Por sua vez, em termos geopolíticos, o foco era a manutenção da unidade interna e das relações amistosas com seus vizinhos, tendo então emergido um sistema pautado na ausência de competição externa, articulado por meio do comércio tributário em torno da China. O desequilíbrio de poder a seu favor seria a causa da paz de quase 300 anos no Sudeste Asiático. O Estado chinês optava, por questões de segurança, por investir nas suas periferias, em vez de utilizá-las para a geração de excedente em benefício próprio.[32]

Isto explica porque a dinastia Ming (1368-1644) tratou de cortar as asas dos comerciantes, o que pode ser ilustrado pela mudança da capital de Nanjing para Beijing e pela construção do grande Canal, de modo a valorizar a

---

[31] Cf. ARRIGHI, Giovanni. *Adam Smith in Beijing: Lineages of the Twenty-First Century*, p. 24-25. Ao contrário, a Europa, na interpretação smithiana, percorre o "padrão antinatural do desenvolvimento". Da indústria para o comércio externo, e, apenas depois, impactando sobre o desenvolvimento agrícola. Termina por desembocar no padrão de desenvolvimento capitalista, ampliando via mercado externo a acumulação de capital e expulsando os trabalhadores do campo, proletarizados à força. Encontraria na Revolução Industrial a sua válvula de escape, ao mesmo tempo que, via expansão do comércio, incrementava as receitas dos Estados em concorrência (Cf. *idem*, p. 64-68).

[32] *Idem*, p. 314-320.

integração do mercado nacional, centralizando os recursos para investimentos em infraestrutura. Desta forma, a busca de novos mercados externos não se tornou fonte de riqueza e poder como na Europa. Isso poderia inclusive colocar em risco a unidade do Império e desviar as atenções das ameaças de invasões provenientes do Norte.[33]

Esta tendência introspectiva teria se reforçado durante a dinastia Qing (1662-1911). No dizer de Braudel, a saída chinesa resultaria na criação, no ano de 1757, em Guangzhou, do Co-Hong – grupo de mercadores habilitados a intercambiar produtos com o estrangeiro –, que funcionava como uma espécie de "contra-Companhia das Índias", impedindo que a riqueza dinamizasse a economia continental, ao mesmo tempo que procurava "controlar" a expansão europeia.[34]

Na prática, as "economias de mercado" de ambas as regiões econômicas teriam seguido trajetórias radicalmente distintas apenas depois do século XIX.[35] A distância entre o Ocidente e os continentes do hemisfério oriental teria se "cavado apenas tardiamente", e não seriam as instituições ou a "racionalização do mercado"[36] as responsáveis pela divergência de trajetórias, conforme aprega a historiografia

---

[33] *Idem*, p. 322-324.

[34] Cf. BRAUDEL, Fernand. "Os Jogos das Trocas", p. 520, 525.

[35] Cf. *Idem*; ARRIGHI, Giovanni. *Adam Smith in Beijing: Lineages of the Twenty-First Century*; JACQUES, Martin. *When China Rules the World: The End of the Western World and the Birth of a New Global Order*.

[36] BRAUDEL, Fernand. "Os Jogos das Trocas", p. 111-112.

feita por economistas neoinstitucionalistas desde Douglas North até Daron Acemoglu & James Robinson.[37]

Segundo esta última corrente, a *virtú* pode ser localizada nas "instituições", especialmente aquela encoberta em manto angelical – a propriedade privada – e responsável quase exclusivamente por "uma sucessão de inovações e adaptações organizacionais" provenientes do chão social, desde a Europa medieval.[38] Daí à glória definitiva do Ocidente seria apenas um passo.

A recente ascensão chinesa exige ao menos uma revisão crítica da perspectiva etnocêntrica adotada por Landes, North e companhia, a não ser que acreditemos que a China tenha, ao fim e ao cabo, decidido se curvar, como crente tardio, ao "livre mercado".

É sob esse pano de fundo que o enfoque de Martin Jacques se revela frutífero ao contestar a suposta identidade

---

[37] No entender de Douglas North (*Instituciones, Cambio Institucional y Desempeño Económico*, p. 18-19), a divergência entre países existe porque, em algumas sociedades do "Terceiro Mundo" ocorre o incentivo para a manutenção de instituições "ineficientes". As instituições "eficientes" são aquelas adotadas pelos países centrais ou desenvolvidos. Daron Acemoglu e James Robinson (*Why Nations Fail: The Origins of Power, Prosperity and Poverty*, p. 40-44, 112-113) observam as trajetórias divergentes das economias/dos países a partir da "escolha" entre instituições "extrativas" e "inclusivas", acompanhadas de maneira anedótica, sem nenhuma formulação teórica capaz de embasar esse modelo dualista. Os conceitos de acumulação de capital e de sistema internacional são desprezados em ambas as obras.

[38] Cf. LANDES, David. *The Wealth and the Poverty of Nations: Why Some Are Rich and Some So Poor*, p. 44.

entre modernização econômica e ocidentalização.[39] Segundo o autor, não haveria nada de especificamente ocidental na modernização ou no desenvolvimento econômico. No entender do autor, vivemos num mundo de "modernidades em disputa", em que a excepcionalidade europeia (e estadunidense) perde todo sentido.

Daí a necessidade de buscar o porquê da divergência de padrões de desenvolvimento a partir do século XVIII entre a China e a Europa, resposta que inclui uma interação assaz complexa entre geografia, história e estrutura de classe, com lugar – e por que não? – para as instituições, se vistas sob um prisma não apriorístico. Essa releitura exige também uma reconsideração de conceitos, como economia de mercado, padrão de desenvolvimento e capitalismo, de modo a libertá-los do uso pouco criterioso ao qual estão sujeitos.

Se o processo de desenvolvimento da economia de mercado europeia possuía certa endogeneidade, a faísca a consumar a ruptura viria do mercado externo.[40] Para Eric Hobsbawm, o mercado externo era assegurado pelo domínio do Império Britânico, aproveitando-se do fluxo permanente e generalizado assegurado pelo mercado interno. Entretanto, havia espaço para apenas um "pioneiro industrial", e este seria ocupado pela metrópole que controlava o comércio, o crédito e a navegação, especialmente com as colônias e os países em situação semicolonial. Portanto, a expansão internacional inglesa traz a semente do

---

[39] Cf. JACQUES, Martin. *When China Rules the World: The End of the Western World and the Birth of a New Global Order*, p. 8-11.

[40] Cf. HOBSBAWM, Eric. *Industry and Empire*, p. 20, 26, 28-29.

capitalismo enquanto espaço endógeno de acumulação de capital, acarretando, por sua vez, uma ruptura na economia de mercado gestada internamente.

No caso chinês, capitalismo e economia de mercado teriam se apartado, segundo Braudel – ou um padrão de economia de mercado não capitalista se teria configurado na China, conforme Arrighi. Em seguida, viriam as Guerras do Ópio e a desestruturação do espaço econômico chinês, que ficara na protoindustrialização, ou seja, diversificação produtiva, sem expansão comercial e acumulação de capital. A abertura forçada do mercado interno chinês selaria o destino desse padrão de desenvolvimento até então ancorado numa economia de mercado expansiva e introvertida.

Donde se conclui que a "derrota" chinesa não viria da menor eficácia dos mecanismos de mercado, mas da maior força dos Estados europeus ativados pela acumulação de capital e pelo intercâmbio comercial. Segundo Arrighi, Marx e Engels teriam "errado" ao afirmar, em *O Manifesto Comunista*, que o capitalismo, com sua artilharia comercial de baixos preços, derrubara todas "as muralhas chinesas". A imposição do mercado teria vindo por meio da força, na sequência das Guerras do Ópio.[41]

Os dados históricos compilados por Angus Maddison permitem comparar quantitativamente a dimensão dos mercados. Em 1820, a China possuía um PIB maior do que a Europa Ocidental e um PIB *per capita* apenas duas

---

[41] Cf. ARRIGHI, Giovanni. *Adam Smith in Beijing: Lineages of the Twenty-First Century*, p. 77.

vezes inferior.[42] Mas estes dados devem ser compreendidos levando-se em consideração as trajetórias distintas e como a ascensão da economia-mundo capitalista desorganizou a economia de mercado protoindustrial chinesa. Do contrário, corre-se o risco de ficar apenas na superfície dos indicadores econômicos de participação na economia mundial, buscando a divergência entre 1820 e 1950, e depois a convergência pós-1980 entre estas economias, em termos meramente quantitativos, como faz o economista indiano Deepak Nayyar.[43]

A próxima ruptura viria com a Revolução Chinesa, em 1949, seguida de uma mudança radical no bojo das reformas econômicas de Deng Xiaoping que procuramos compreender em seguida.

A ascensão chinesa e a economia-mundo capitalista

Nesta última parte, procuramos desenvolver o repertório conceitual utilizado ao longo do texto para captar as transformações na economia chinesa pós-1978 e os seus impactos sobre a reorganização do sistema mundial.

Mesmo tento sido operacional para o nosso esforço metodológico, Fernand Braudel não chega a utilizar o conceito de "economia-mundo capitalista". Quem o faz, seguindo o seu rastro, é Immanuel Wallerstein. Por meio deste conceito,

---

[42] Cf. NAYYAR, Deepak. *A corrida pela crescimento: países em desenvolvimento na economia mundial*, p. 34, 37, 43-44.

[43] *Idem*, p. 36-49.

o autor abarca a expansão da economia-mundo europeia pelo globo no século XIX, irradiando-se para o outro lado do Atlântico Norte, subordinando os recém-independentes países latino-americanos, e incorporando parcelas expressivas da Ásia e da África, agora que os "impérios-mundo" foram esquartejados e os "minissistemas" perderam sua autonomia. Criam-se novas posições estruturais – centro, semiperiferia e periferia – na nova escala ampliada da economia-mundo capitalista, as quais se apresentam com as estruturas de classes correspondentes ao seu papel no sistema mais amplo.[44]

A principal limitação do esquema analítico do sociólogo estadunidense está em encarar o desenvolvimento econômico, no âmbito do capitalismo, como meramente quantitativo, oriundo da ampliação das relações de troca e da produção para o mercado motivada pelo lucro.[45]

A solução é fornecida por Arrighi, a partir de um diálogo entre as contribuições de Braudel e Marx. A fusão de ambos os enfoques leva aos "ciclos sistêmicos de acumulação" – funcionando a partir da alternância de formas de organização de produção e de centros hegemônicos (leia-se ciclo genovês, holandês, britânico e norte-americano) – que configuram "padrões diversos de repetição e evolução do capitalismo histórico como sistema mundial", articulados, por sua vez, às disputas de poder interestatal. Períodos de mudanças contínuas (expansão material) se fazem suceder por mudanças descontínuas (expansão financeira), quando

---

[44] Cf. WALLERSTEIN, Immanuel. *The Capitalist World-Economy*, p. 4-6, 19-24.

[45] Cf. *idem*, p. 14-16.

então se presencia a rearticulação hegemônica sob a liderança de novos agentes governamentais e empresariais.[46]

Concomitantemente, em cada ciclo, reconstrói-se um regime de acumulação capitalista em escala mundial, permitindo a interação e o conflito entre os vários territórios privilegiados da acumulação de capital. Redefinem-se também as hierarquias de poder econômico e geopolítico, assim como as estruturas sociais nos espaços da economia-mundo capitalista reconfigurada.

Se esse quadro serve de horizonte analítico para compreender a crise dos Estados Unidos como potência hegemônica, nada indica que o padrão anterior será reproduzido, ou seja, que veremos a emergência de novas potências capitalistas de ordem superior,[47] algo que o próprio Arrighi deixa em aberto na obra dedicada à compreensão da reviravolta ocasionada pela ascensão chinesa.[48]

Celso Furtado nos oferece algumas pistas ao abordar esse desafio analítico sob outro prisma. No seu entender, ao final dos anos 1970, "nenhum outro país reúne as condições para escapar ao campo gravitacional da civilização industrial", pois "todos os demais são periféricos" – referindo-se aos países que compunham o então chamado Terceiro Mundo.[49]

---

[46] Cf. ARRIGHI, Giovanni. *O Longo Século XX*, p. 6-15.

[47] Cf. *idem*, p. 19.

[48] Cf. ARRIGHI, Giovanni. *Adam Smith in Beijing: Lineages of the Twenty-First Century*, p. 9-10, 378, 389.

[49] Cf. FURTADO, Celso. *Criatividade e Dependência na Civilização Industrial*, p. 111.

Para Furtado, a luta contra a dependência não significa recuo ou isolamento, mas a alteração qualitativa das relações internacionais. Trata-se de modificar a "conformação global do sistema" a partir de dentro, estabelecendo espaços internos de autonomia decisória e aumentando a capacidade de barganha diante de países capitalistas centrais e empresas transnacionais. Apenas a China estaria à altura dessa empreitada.

Não obstante, alguns dilemas são dignos de nota: como assegurar um sistema de decisões de extrema complexidade fundado na rigidez, tendo em vista a necessidade de influenciar o comportamento de milhões de unidades produtivas? Como permitir o retorno das relações de mercado sem elevar a concentração de renda? Como manter o isolamento sem impactar negativamente a eficácia econômica?[50]

Para Furtado, cabe à nação continental optar "entre a homogeneidade social a modestos níveis de consumo" e o "acentuado dualismo social com maiores ou menores disparidades regionais e sociais", especialmente se o objetivo é conquistar a maior autonomia tecnológica por meio da crescente exposição à concorrência internacional a partir da ação orientadora do Estado.[51] Hoje parece evidente a adoção da segunda alternativa, apesar da relativa consciência das lideranças chinesas sobre a necessidade de redução das disparidades crescentes.

---

[50] Cf. FURTADO, Celso. *Brasil: a construção interrompida*, p. 48.
[51] *Idem*, p. 49-52.

Não é possível recuperar aqui as transformações da economia chinesa no pós-1978. Apresentamos de forma sucinta algumas coordenadas, de modo a elaborar hipóteses com base no nosso esforço de reconstrução conceitual.

Conforme a interpretação de Arrighi, a China conta com o apoio vital da diáspora chinesa, que havia fertilizado em Hong Kong e Taiwan, durante o período pós-Revolução, uma rede de interações sociais e econômicas, e que passa a ser transplantada para o continente com a abertura. As empresas transnacionais chegariam bem mais tarde. Ao Estado chinês caberia promover o encontro entre empresários, funcionários públicos e trabalhadores chineses, mais o capital da diáspora e as empresas "imperialistas".[52]

Fundamental, nesse sentido, foi a criação das "empresas comunitárias locais" (*Township and Village Enterprises – TVEs*), travando a ampliação exorbitante do exército industrial de reserva e assegurando investimentos em infraestrutura, encadeamentos fiscais e uso intensivo de força de trabalho.[53]

Manuel Castells adota uma perspectiva semelhante. A transformação econômica chinesa não se explica, portanto, sem a conexão das várias regiões do país com a diáspora chinesa e as empresas transnacionais – geralmente em associação com empresas estatais ou comunitárias locais. A estratégia de desenvolvimento é estruturada com a participação dos governos locais e do central, interconectados

---

[52] Cf. ARRIGHI, Giovanni. *Adam Smith in Beijing: Lineages of the Twenty-First Century*, p. 346-352.

[53] *Idem*, p. 361-365.

pelo partido, porém sujeita a toda sorte de atritos. Logra-se, assim, uma estrutura de mercado na qual as empresas são oligopolistas nos mercados locais e competitivas nas esferas nacional e global.[54]

O economista chinês Yasheng Huang, do MIT, nos brinda com um olhar instigante sobre a economia chinesa. Mas se Huang não assume a perspectiva do *establishment* chinês, ele cai na cilada de imaginar tipos idealizados de capitalismo sem precisão histórica e conceitual.

Conforme a sua periodização, no período de "liberalismo direcional" dos anos 1980, a China teria experimentado "uma explosão de empreendedorismo local e privado, expandindo-se do campo para as cidades".[55] Os anos 1990 inverteriam a tendência: os poderes locais passariam a interferir na gestão das TVEs, muitas vezes tomando-as para si, segundo o relato de Huang. Até então, a China teria experimentado a ascensão de um "capitalismo virtuoso", capaz de expandir a economia de mercado e de reduzir a pobreza.[56]

O resultado, para o autor, não atende pelo nome de socialismo. É "capitalismo", diz ele, ecoando o mantra de boa parte dos economistas ocidentais, "um capitalismo de compadres construído à base da corrupção sistemática e do uso mais cru do poder político para fins privados".[57]

---

[54] Cf. CASTELLS, Manuel. "Fim de Milênio", p. 353, 358-361, 366.
[55] HUANG, Yasheng. *Capitalism with Chinese Characteristics: Entrepreneurship and the State*, p. 50-51.
[56] Cf. *idem*, p. 77-85.
[57] *Idem*, p. 236-237.

É possível sair desse impasse? No nosso entender, o "capitalismo virtuoso e empreendedor" idealizado por Huang teria fornecido uma base social e econômica para que emergisse o capitalismo como um lugar privilegiado de acumulação, conforme a formulação braudeliana.

Um capitalismo que interage com as várias economias regionais e seus distintos arranjos institucionais a partir de relações de competição e de complementaridade. As tarefas são distribuídas pelo Estado produtor e regulador, pautado pelo planejamento diretivo, ao estabelecer critérios para a abertura de mercado e para a atração de investimentos externos. Posta a engrenagem em movimento, novas contradições sobem à superfície. Basta apontar para a expropriação de centenas de milhões de migrantes rurais lançados sobre as áreas urbanas.

Retomando mais uma vez Braudel, poderíamos dizer que a China contemporânea serve de laboratório privilegiado para se compreender como "o capitalismo e a economia de mercado coexistem, se interpenetram, sem nunca se confundirem",[58] por vezes inclusive se conflitando?

Existe, portanto, uma "dialética oscilante entre a economia de mercado que se desenvolve quase por si, espontaneamente, e uma economia predominante, que coroa estas atividades, que as orienta e as têm à sua mercê",[59] assimilando-as, deslocando-as ou simplesmente as reprimindo. Isto é o que não percebe Huang quando opõe de maneira dualista o "capitalismo empreendedor" do campo ao "capitalismo de Estado" das grandes cidades.

---

[58] BRAUDEL, Fernand. "O Tempo do Mundo", p. 26.

[59] *Idem*, p. 28-29.

Resumindo: poderia o capitalismo, enquanto lugar privilegiado da acumulação, circunscrito aos níveis superiores da sociedade e da economia, como parece sugerir Braudel,[60] interagir com a economia de mercado em volta, redirecionando-a e se aproveitando dela, ao mesmo tempo que ocupa novos espaços na economia-mundo capitalista?

A resposta positiva a esta questão é a que assumimos aqui como hipótese provisória de trabalho. Portanto, capitalismo, sim, por sua conexão global, retirando dinamismo de uma economia de mercado vibrante, mas cerceada pelo poder do Estado, que escolhe seus vencedores, os quais devem se mostrar competitivos dentro e fora da China. A mão de obra barata faz parte do arranjo, mas não explica o essencial. Existem não apenas na China várias sociedades e vários regimes de trabalho encaixados nas suas dinâmicas de acumulação específicas, as quais se alteram à medida que a transformação estrutural do sistema econômico internaliza os segmentos de vanguarda tecnológica.

Dessa forma, em vez de proteger o país da economia-mundo capitalista, algo que se intentara até o século XVIII – sem impedir o país de se tornar, durante os séculos XIX e XX, presa fácil das conquistas imperialistas – o que a China pós-Mao, a partir de uma nova elite política e intelectual sob o comando do PCCh, parece pretender é um engajamento externo diverso a partir de uma visão própria de soberania.

Portanto, não se entende a gestão da(s) economia(s) chinesa(s) sem um mergulho no universo ideológico deste

---

[60] Cf. *Idem*, p. 583-584.

país. Existe "uma filosofia das reformas econômicas chinesas", que se origina do debate ideológico travado dentro do PCCh.[61] Para abrir fendas na ortodoxia maoísta, é preciso renová-la. Portanto, se em 1978 a contradição principal residia na necessidade de desenvolvimento das forças produtivas, uma vez logrado esse objetivo quarenta anos depois, a contradição principal se volta para um modelo capaz de atender as necessidades do povo, conforme a retórica do partido.

Parece-nos que a melhor formulação sobre o "modelo de desenvolvimento" chinês encontra-se sintetizada na "teoria" de Chen Yun sobre o "pássaro na gaiola", formulada no início dos anos 1980.[62]

Conforme esta formulação – bem chinesa, pois, fundamentada em uma imagem, permite atuar sobre o real de maneira pragmática e sem ceder a visões extremas, antes abrindo caminho para uma estratégia política de longo prazo –, a gaiola poderia ser sempre ampliada, de modo a deixar mais pássaros entrarem, conferindo-lhes maior ilusão de liberdade, mas sem jamais se cogitar sua retirada. Uma forma de dizer que a China jamais adotaria plenamente reformas no sentido de uma ilusória "economia de mercado", tal como propagandeada pela economia convencional do Ocidente, e que para os chineses significa sinônimo de capitalismo.

---

[61] ZHANG, Wei-Wei. *Ideology and Economic Reform under Deng Xiaoping, 1978-1993*, p. 3-4.

[62] Cf. *idem*, p. 63-64; McGREGOR, Richard. *The Party: The Secret World of China's Communist Rulers*, p. 37-38.

Por sua vez, "socialismo" significa, segundo essa concepção, uma atuação concertada do Estado para o avanço das forças produtivas e a ação sobre as suas contradições, por meio de uma gestão das várias economias chinesas que se entrelaçam dentro e fora do território.

Trata-se antes de uma complexa interação entre o Estado – que comanda os principais preços da política econômica, assim como os bancos públicos internos e os bancos com projeção internacional (*China Development Bank* e *China Eximbank*) – e os espaços privilegiados de acumulação de capital, com predominância das *State-Owned Enterprises* (SOEs), atuando dentro e fora do país. Essa interação assegura, ainda, os investimentos em infraestrutura para a expansão interna de uma vibrante economia de mercado no sentido braudeliano.

Contudo, essas várias economias não se combinam de maneira estática, mas evoluem conjuntamente – ainda que por vezes conflituosa – à medida que se alteram os padrões de desenvolvimento na China e se ampliam os lugares de acumulação de capital, os quais se projetam sobre a economia-mundo capitalista e geram todo o tipo de deslocamentos. É como se parcelas importantes do centro, da semiperiferia e da periferia tivessem sido transplantadas para o território chinês.

Dessa forma, estabelecem-se relações de maior horizontalidade – envolvendo complementaridade e conflito – entre a China e os antigos centros dinâmicos (EUA e UE), que não saem de cena. A ruptura é de tal ordem que exige a confecção de novas ferramentas conceituais e teóricas para a compreensão da dinâmica totalmente reconfigurada da economia-mundo capitalista, ancorada agora numa estrutura de poder multicêntrica e com impactos profundos sobre as diversas semiperiferias e periferias.

Efetivamente, tem-se uma complexificação do sistema centro-periferia, cuja forma e conteúdo apresentam-se de maneira completamente diversa do verificado no momento de criação da CEPAL, quando os Estados Unidos se afirmavam como o centro dinâmico por excelência.

Em síntese, as categorias capitalismo e socialismo possuem reduzido potencial analítico, a não ser quando verificadas a partir de um debate no seio da história econômica e da economia política ou quando operacionalizadas para iluminar no presente a manifestação complexa e contraditória das formas de acumulação de capital nos múltiplos espaços.

Abandona-se assim o caráter metafísico e essencialista do debate, geralmente carregado de preconceitos de ambas as partes, para se perceber que não existe um sistema nacional, isolado ou em disputa com outros, mas posições estruturais no âmbito de um sistema-mundo, a unidade por excelência de compreensão do capitalismo, ou da economia-mundo capitalista, conforme o nosso esforço de elaboração conceitual e histórica.[1]

---

[1] Este texto é uma versão mais enxuta, e completamente reformulada, do artigo apresentado pelo autor no VI Fórum Internacional de Sinologia, realizado entre os dias 24 e 26 de fevereiro de 2011, na cidade de Lisboa, e publicado, na *Revista de Estudos Chineses*, vol. 7, 2011, sob o título "Podem a História Econômica e a Economia Política Contribuir para a Montagem do Quebra-Cabeça Chinês?".

Referências

ACEMOGLU, Daron; ROBINSON, James. *Why Nations Fail: The Origins of Power, Prosperity and Poverty*. New York: Crown Business, 2013.

ARRIGHI, Giovanni. *Adam Smith in Beijing: Lineages of the Twenty-First Century*. London: Verso, 2007.

ARRIGHI, Giovanni. *O Longo Século XX*. Rio de Janeiro: Contraponto, 1996.

BRAUDEL, Fernand. "O Tempo do Mundo". In: *Civilização Material, Economia e Capitalismo, séculos XV-XVIII*. São Paulo: Martins Fontes, 1996. v. III.

BRAUDEL, Fernand. "Os Jogos das Trocas". In: *Civilização Material, Economia e Capitalismo, séculos XV-XVIII*. São Paulo: Martins Fontes, 1996. v. II.

BRAUDEL, Fernand. *La Dynamique du Capitalisme*. Paris: Flammarion, 1985.

CASTELLS, Manuel. "Fim de Milênio". In: *A Era da Informação: Economia, Sociedade e Cultura*. São Paulo: Paz e Terra, 2009. v. III.

CERVERA JIMÉNEZ, José Antonio. "La Dinastía Song (960-1279)". In: BOTTON BEJA, Flora (Org.). *Historia Mínima de China*. México: El Colegio de México, 2010.

DOBB, Maurice. *A evolução do capitalismo*. Rio de Janeiro: Zahar Editores, 1965.

FURTADO, Celso. *Brasil: a construção interrompida*. Rio de Janeiro: Paz e Terra, 1992.

FURTADO, Celso. *Criatividade e dependência na civilização industrial*. Rio de Janeiro: Paz e Terra, 1978.

GALBRAITH, John Kenneth. *A economia das fraudes inocentes: verdades para o nosso tempo*. São Paulo: Companhia das Letras, 2004.

HOBSBAWM, Eric. *Industry and Empire*. London: Penguin Books, 1999.

HUANG, Yasheng. *Capitalism with Chinese Characteristics: Entrepreneurship and the State*. Cambridge: Cambridge University Press, 2008.

JACQUES, Martin. *When China Rules the World: The End of the Western World and the Birth of a New Global Order*. New York: The Penguin Press, 2009.

JULLIEN, François. *La China da que pensar*. Barcelona: Anthropos, 2005.

LANDES, David. *The Wealth and the Poverty of Nations: Why Some Are Rich and Some So Poor*. New York: W. W. Norton & Company, 1999.

McGREGOR, Richard. *The Party: The Secret World of China's Communist Rulers*. New York: Harper Collins Publishers, 2010.

MILANOVIC, Branko. *Capitalism, Alone: The Future of the System that Rules the World*. Cambridge: Harvard University Press, 2019.

NAYYAR, Deepak. *A corrida pela crescimento: países em desenvolvimento na economia mundial*. Rio de Janeiro: Contraponto, 2014.

NORTH, Douglas. *Instituciones, Cambio Institucional y Desempeño Económico*. México: Fondo de Cultura Económica, 1993.

POLANYI, Karl. *El Sustento del Hombre*. Madrid: Capitán Swing, 2009.

POMERANZ, Kenneth. *The Great Divergence: China, Europe and the Making of the Modern World Economy*. Princeton: Princeton University Press, 2000.

SMITH, Adam. *The Wealth of Nations*. London: Penguin Classics, 1986. v. III.

WALLERSTEIN, Immanuel. "The Rise and Future Demise of the World Capitalist System: Concepts for Comparative Analysis". In: *The Capitalist World-Economy*. Cambridge, Cambridge University Press, 1983.

ZHANG, Wei-Wei. *Ideology and Economic Reform under Deng Xiaoping, 1978-1993*. London: Kegan Paul International, 1996.

ZHANG, Xingxing. *A Brief History of the People's Republic of China*. Beijing: China Intercontinental Press, 2019.

2
Apontamentos sobre a geopolítica da China

Elias Jabbour e *Alexis Dantas*

Introdução

A determinação geopolítica sobre os acontecimentos de diversas ordens não é uma questão menor, pois, no limite do óbvio, envolve o Estado e seu papel no curso dos acontecimentos. Por outro lado o lugar do Estado nas mais diversas teorias do desenvolvimento ainda é algo que demanda síntese. Por exemplo, os grandes autores – desde Adam Smith – que estiveram ocupados em desenvolver teorias descritivas do processo de desenvolvimento econômico não colocam o Estado no núcleo dessas teorias. Por exemplo, em Joseph Schumpeter o Estado é presente em toda sua obra, assim como em John Maynard Keynes (1936).[2] Porém, em ambos a separação entre teoria e história é fatal.

Essa relação é mais explícita em autores influenciados pela filosofia clássica alemã (Hegel), cabendo destaque a

---

[2] Cf. SCHUMPETER, J. *The Theory of Economic Development; Business Cycles; Capitalism, Socialism and Democracy*; KEYNES, J. *The General Theory of Employment, Interest and Money*.

Albert Hirschman, e sua noção de "desenvolvimento desequilibrado", e Ignacio Rangel, com os desdobramentos à teoria econômica do conceito de "dualidade básica da economia brasileira".[3] Apesar de ser uma pauta com desenvolvimento ainda inconcluso, propomos uma síntese entre a Economia Política e a Geopolítica, partindo de dois níveis de abstração, a saber: (1) reconhecendo o Estado como o núcleo da teoria econômica e (2) percebendo as ações deste Estado como movidas e condicionadas geopoliticamente.

Neste sentido nenhuma unidade de análise é tão rica quanto a chinesa àqueles ocupados sobre as questões que envolvem o Estado e o processo de desenvolvimento como sujeito e objeto de uma construção geopolítica. Por exemplo, podemos perceber as reformas econômicas de 1978 como síntese de percepção das possibilidades abertas pela nova ordem geopolítica inaugurada pela decadência do fordismo e de seus "clones" no antigo mundo socialista, a "ofensiva norte-americana contra as políticas macroeconômicas japonesas".[4] Ambos os processos abriram condições para uma "globalização" guiada pela grande finança e uma recomposição geográfica da grande manufatura.[5] Em resumo, a governança chinesa percebeu uma oportunidade e a utilizou em benefício de sua estratégia nacional.

---

[3] Cf. HIRSCHMAN, A. *The Strategy of Economic Development*; RANGEL, I. "Elementos de Economia do Projetamento" e "Desenvolvimento e Projeto".

[4] GALBRAITH, J. K. *Economics in Perspective: A Critical History*, p. 247.

[5] Cf. BELLUZZO, L. G. *O capital e suas metamorfoses*; JABBOUR, E.; DANTAS, A. *"Ignacio Rangel na China e a 'Nova Economia do Projetamento'"*.

É de conhecimento público a trajetória chinesa desde então. Entre 1978 e 2019 sua taxa real média de crescimento do PIB foi de 9,1%. A renda per capita acompanhou similar taxa de crescimento (9%), saindo de US$ 280, em 1980, para US$ 8827, em 2018. Entre 1982 e 2011 a taxa de investimentos x PIB foi de 36,9%, e desde 2004 esta taxa opera acima da casa dos 40%.[6] Desde 2013 a China tem o maior volume de comércio exterior no mundo, causando efeitos generalizados sobre a oferta e a demanda em todos os outros países, além de ser o atual maior credor líquido do mundo. Em outras palavras, a trajetória chinesa desde 1978 seguiu um roteiro interessante e caracterizado pela transformação do país em uma potência comercial, industrial e financeira. O tamanho de sua economia, território e população é proporcional aos impactos políticos e geopolíticos de seu processo de desenvolvimento econômico. Eis um ponto fundamental.

A construção de imensa base produtiva, acompanhada pela incorporação à economia real de plataformas/instrumentos, como o 5G, a Inteligência Artificial e o Big Data, não somente elevou a patamares novos e superiores a capacidade de planificação e intervenção do Estado sobre o território. Um patamar superior de desenvolvimento, interno ao núcleo produtivo da economia (96 grandes conglomerados empresariais estatais) surge e tem sido nomeado por nós de "Nova Economia do Projetamento".[7]

---

[6] Segundo o World Bank Data. Disponível em: https://bit.ly/3tfyoII. Acesso em: 29 abr. 2021.

[7] Cf. JABBOUR, E.; DANTAS, A.; ESPÍNDOLA, C. Considerações iniciais sobre a "Nova Economia do Projetamento"; JABBOUR, E.;

O alcance externo do surgimento desse novo paradigma, em matéria de gestão e coordenação da produção e de planificação da economia, reflete-se no mundo via "Iniciativa Cinturão e Rota", acelerando o processo de reestruturação hegemônica do mundo e, consequentemente, uma nova divisão internacional do trabalho centrada na China.[8] A dinâmica que levou ao surgimento dessa Nova Economia do Projetamento está intrinsecamente ligada ao surgimento e à consolidação, na China, de uma nova classe de formações econômico-sociais: o socialismo de mercado.

O objetivo deste texto é fazer uma discussão que relacione tanto o surgimento da Nova Economia do Projetamento e seus impactos externos quanto os valores civilizacionais construídos ao longo de 5000 anos de história, levando ao surgimento de um contraponto geopolítico à globalização liderada pela grande finança do imperialismo. Adotaremos aqui o conceito desenvolvido por Vadell, Secches e Burger (2019) de "Globalização Institucionalizada pela China" (GIC).[9] Este texto, além da introdução, está divido em outras duas seções, nas quais

---

DANTAS, A. "Ignacio Rangel na China e a 'Nova Economia do Projetamento'"; JABBOUR, E.; DANTAS, A.; ESPÍNDOLA, C.; VELLOZO, J. "A (Nova) Economia do Projetamento: o conceito e suas novas determinações na China de hoje".

[8] Cf. HEDLER, B. "China's international projection since 2008: the new core-periphery relations and the belt and road initiative through foreign direct investment".

[9] Cf. VADELL, J; SECCHES, D; BURGER, M. "De la globalización a la Interconectividad: reconfiguración espacial em la iniciativa Belt & Road e implicaciones para el Sur Global".

discutiremos a construção intelectual que nos levou ao conceito de Nova Economia de Projetamento e o contraponto chinês à globalização neoliberal. Nas conclusões serão levantadas algumas sínteses.

Uma dupla disruptura intelectual

Por cerca de três anos temos observado uma série de transformações qualitativas no seio da economia chinesa. De forma mais detida, em um primeiro momento sentimos que a capacidade do Estado chinês em programar um imenso pacote fiscal, de cerca de US$ 600 bilhões, ao enfrentamento da crise financeira de 2008 deveria ser objeto de um estudo mais profundo do que o convencional. Ou seja, o objeto não seria o pacote fiscal em si, mas os mecanismos de elaboração e execução que foram postos em marcha.

Dessa forma, percebemos que o fortalecimento dos Grandes Conglomerados Empresariais Estatais (GCEE) – assim como a conformação de um capilarizado sistema financeiro estatal e de instituições capazes de coordenar a ação do Estado na economia de forma efetiva, como a SASAC (State-Owned Assets Supervision and Administration Commission of the State Council) – não era um fim em si mesmo.

O fenômeno guardava mais historicidade, e já existiam elementos suficientes para demonstrar que o "socialismo de mercado" poderia ser observado como algo muito distante de um propalado "capitalismo de Estado". Na China estava emergindo uma nova formação econômico-social que denominaríamos de "socialismo de mercado".[10] Alberto Gabriele chega a conclusões semelhantes, colocando o socialismo de mercado chinês como a primeira experiência de uma nova classe de formações econômico-sociais. O Vietnã seria a segunda experiência.[11]

Essa nova formação econômico-social é fruto de uma série de mudanças institucionais que foram demarcando, ao longo das últimas quatro décadas, da conformação de um modo de produção socialista dominante àquela formação, que tem como núcleo os 96 GCEE, dezenas de bancos estatais de desenvolvimento, além do próprio poder político exercido pelo Partido Comunista da China (PCCh), conferindo contornos estratégicos a um poder de novo tipo que surge no mundo com a Revolução Russa.

Internamente a essa nova formação econômico-social, há um modo de produção capitalista cuja musculatura é formada ao longo da década de 1990, mediada por intenso processo de privatizações e surgimento de uma poderosa classe capitalista doméstica.[12] As reformas rurais de 1978, além de fazerem surgir uma classe de empresas não capitalistas orientadas ao mercado, também foram fator de proa à ascensão de milhares de empresários, outrora camponeses médios em 1978.

---

[10] Cf. JABBOUR, E.; DANTAS, A. "Na China emerge uma Nova Formação Econômico-social".

[11] Cf. GABRIELE, A. *Enterprises, Industry and Innovation in the People's Republic of China: Questioning Socialism from Deng to the Trade and Tech War.*

[12] Cf. NOGUEIRA, I. "Estado e capital em uma China com classes".

Contudo, a contradição entre a análise e a realidade se impõe. Pesquisas recentes fizeram apontamentos interessantes e acertados sobre a participação e o controle estatal sobre a riqueza e os fluxos de renda na China. Thomas Piketty e Barry Naughton[13] chegam a conclusões semelhantes demonstrando que o Estado chinês controla, atualmente, cerca de 30% da riqueza produzida no país, enquanto em 1978 esse controle alcançava 70%.[14] Porém, atualmente, o Estado chinês conta com uma capacidade muito maior de intervenção sobre a realidade do que aquela do final da década de 1970. Concluímos, então, que a distância entre o dado e a realidade, sob forma de elevação da capacidade do Estado em intervir na realidade, impõe uma necessária revisão conceitual e teórica. Fazia-se necessária uma verdadeira disruptura intelectual.

A nossa primeira disruptura intelectual inicia-se com a percepção de a China ter se tornado o berço de uma nova formação econômico-social. A retomada do conceito de formação econômico-social tem sido fundamental. Nesse sentido a contribuição de Emilio Sereni deve ser assinalada por trazer à tona uma totalidade histórica muito cara a marxistas, como Vladimir I. Lênin, Mao Tsé-tung, Milton Santos, Louis Althusser e Ignacio Rangel.[15]

---

[13] NAUGHTON, B. Is China socialist? *Journal of Economic Perspectives*, v. 31, n. 1, p. 3-24, PIKETTY, T; YANG, L.; ZUCMAN, G. Capital accumulation, private property and rising inequality in China. *NBER Working Paper*, n. 23368, apr. 2017.

[14] Cf. NAUGHTON, B. "Is China socialist?".

[15] Cf. SERENI, E. "De Marx a Lênin: a categoria de 'formação econômico-social'".

Concordamos com Marcos Aurélio da Silva, para quem a categoria de formação econômico-social teve, em Emilio Sereni, "a sua mais acabada e rica compreensão",[16] citando a seguinte passagem de Sereni: "a noção [...] se coloca inequivocamente no plano da história, que é [...] o da totalidade e unidade de todas as esferas (estruturais, supra estruturais e outras) da vida social na continuidade e ao mesmo tempo na descontinuidade do seu desenvolvimento histórico".[17]

A retomada do conceito de formação econômico-social é apenas a ponta do *iceberg*, o que nos permitiu observar a totalidade e suas partes, tendo em vista a unidade de contrários que marca o surgimento e o desenvolvimento de uma formação econômico-social e o mais importante: as tendências em desenvolvimento em seu modo de produção, não somente dominante, mas também o mais avançado. Abre-se a possibilidade de outra disruptura intelectual pela via da percepção de novas regularidades internas ao núcleo produtivo chinês, os GCEE.

Essas novas regularidades às quais nos referimos estão diretamente relacionadas às políticas industriais mais proativas em matéria de inovação tecnológica e que têm tomado lugar na China desde o lançamento do 10º Plano Quinquenal.[18] Ao lado disso, a formação da SASAC, em

---

[16] SILVA, M. A. "A categoria de formação sócio-espacial e a questão regional: uma aproximação com Gramsci", p. 1.

[17] SERENI, E. "De Marx a Lênin: a categoria de 'formação econômico-social'", p. 316.

[18] Cf. LO, D.; WU, M. "The State and industrial policy in Chinese economic development".

2003, foi fundamental na consolidação do processo de corporatização das antigas empresas estatais e sua transformação em GCEE altamente eficientes e inovadores.[19]

Essas novas regularidades estão diretamente relacionadas com pelo menos três fatores: (1) o surgimento de novas e superiores formas de planificação econômica, causa e consequência do progresso técnico percebido nos GCEE e na incorporação à economia real de todas as possibilidades abertas, à elevação da capacidade de planificação, por meio da plataforma 5G, da Inteligência Artificial e do Big Data; (2) a construção de um poderoso setor produtivo na economia, completado pela China, amplamente baseado na geração de valor e que cria condições de gerar o que Marx chamou de "setor improdutivo da economia";[20] e (3) as pressões sociais e

---

[19] Na última lista Forbes das 500 maiores companhias do mundo e que aponta para uma, ainda lenta, transição de poder sistêmico no mundo: pela primeira vez na história, desde seu lançamento em 1990, a referida lista não tem mais os Estados Unidos como o país com o maior número de empresas na lista. A nação norte-americana foi ultrapassada pela China, que conta com 129 companhias na lista (sendo seis de Taiwan), contra 121 dos Estados Unidos.

[20] Marx, como Smith, separava todas as atividades econômicas entre produtivas e improdutivas, sendo as produtivas relacionadas com os setores de bens e equipamentos geradores de valor, enquanto as improdutivas ligadas à manutenção da ordem social. A nosso ver, o desenvolvimento recente do capitalismo deve nos obrigar a repensar estes dois conceitos. Por outro lado, estendemos, a fim de compreender o socialismo em nosso tempo, ao setor improdutivo aquele, apontado por Marx em *Crítica ao Programa de Gotha* (1891), como parte dos chamados "fundos de consumo", para onde deveriam ser dirigidos crescentes excedentes do setor produtivo da economia. Tais fundos de consumo teriam, hodiernamente,

a emergência de uma combativa classe trabalhadora urbana, que levou o governo chinês a ser mais *responsivo* em relação às demandas populares e as imensas contradições sociais e ambientais acumuladas ao longo das reformas econômicas.[21] A China está transitando de uma economia voltada à construção de valores de troca a outra baseada nos chamados valores de uso, sob forma de imensos bens públicos.

O aparecimento de um imenso setor produtivo, ladeado por uma série de instrumentos políticos, financeiros e institucionais, tem possibilitado mais um salto qualitativo da economia chinesa. A predominância estatal sobre os gânglios vitais da grande produção e da grande finança unida a uma soberania monetária particular permite ao Estado gerir um processo que entrelaça tanto uma maior restrição à ação da lei do valor quanto da transição de uma planificação orientada à geração de valor e ao mercado para o que chamamos de planejamento baseado no projeto.[22]

É essa transformação operada ao longo dos últimos vinte anos que explica, em grande medida, a crescente

---

expressão no desenvolvimento de setores, como os de educação, saúde, cultura, esporte, recreação etc.

[21] Hao Yu, em "Universal health insurance coverage for 1.3 billion people: What accounts for China's success?", discorre sobre a formação e o desenvolvimento de um amplo sistema de saúde pública na China. O Global Wage Report 2018, da Organização Internacional do Trabalho, atesta sobre a duplicação dos salários médios na China entre 2008 e 2017.

[22] Cf. GABRIELE, A.; JABBOUR, E. *A China e o socialismo de nosso tempo: a "Nova Economia do Projetamento" como estágio avançado do socialismo de mercado.*

capacidade de intervenção do Estado chinês sobre o território e a economia do país, independentemente da queda da participação do Estado no que tange ao controle dos fluxos de renda no país.

Acumulamos evidências suficientes ao lançamento da segunda disruptura intelectual, que se faz necessária diante da mudança de face do sistema econômico chinês em direção a algo complemente superior em matéria de organização da produção. Concluímos que as teorias convencionais ortodoxas e heterodoxas não eram mais suficientes para explicar a natureza do fenômeno em marcha na China.

A leitura e a retomada de algumas das categorias fundamentais de análise lançadas pelo economista brasileiro Ignacio Rangel, em seu esquecido livro *Elementos de economia do projetamento*, lançaram as luzes fundamentais à elaboração de um novo corpo conceitual e categorial capaz de dar conta da nova realidade econômica chinesa. Surge, assim, o que temos chamado desde então de "Nova Economia do Projetamento", que pode ser resumido, em princípio, como um estágio superior de desenvolvimento alcançado pela China, como o resultado do acúmulo de todo um novo acervo em matéria de planificação econômica, organização e racionalização da produção em grande escala.

Sob o prisma de uma base material que avançou de forma rápida nas últimas décadas, de uma sociedade que demanda agilidade de ação estatal, construção de grandes bens públicos e enfrentamento a uma série de desafios colocados pela própria conjuntura, uma leitura atenta de *Elementos de economia do projetamento* será suficiente para, nas palavras de Castro, perceber que: "o projetamento é uma prática que se desenvolve em paralelo com uma teoria que evolui no tempo e se alimenta com os problemas e soluções enfrentadas por aproximações sucessivas e sistematizando [...] experiências dos analistas que, naturalmente, são de diferentes escolas teóricas e de diferentes profissões".[23]

No caso específico da China, o projetamento se expressa não somente na elevada capacidade de ação estatal diante de emergências, como a da pandemia da Covid-19, mas principalmente a partir da percepção de algumas especificidades voltadas ao bem-estar geral da sociedade. Neste sentido, na China – como em qualquer lugar –, as categorias fundamentais do *projeto*, sintetizadas no custo e no benefício, podem ser percebidas como extensão da visão prometeica rangeliana. A proposta de Rangel recoloca os termos da relação custo-benefício da seguinte forma: "os conceitos de custo e benefício devem ser reformulados, no sentido de que comportem não apenas o custo e o benefício diretos, mas também os indiretos. Nosso critério deve ser o custo-benefício para a sociedade, não para a empresa".[24]

Uma economia e uma sociedade capazes de restringir a ação da lei do valor e se voltar à consecução de grandes projetos levou a China e se caracterizar por ser uma economia orientada, como já dito, à construção de grandes bens públicos, o que nos remete a Marx e a formação do setor improdutivo da economia, evidentemente. Por outro lado, o avançar chinês, rumo a uma economia controlada pela razão humana, condiz

---

[23] CASTRO, M. H. "Elementos de economia do projetamento", p. 222.

[24] RANGEL, I. "Desenvolvimento e Projeto", p. 257.

com a construção de algumas categorias de análise e que têm servido de sustentação ao conceito renovado de projetamento como forma histórica mais avançada do socialismo com características chinesas. A construção destas categorias tem seguido rigor histórico e complexa base de dados.

Do ponto de vista da "economia política da Nova Economia do Projetamento", podemos apontar para quatro categorias de análise. Primeiro, a possibilidade aberta de *superação da incerteza keynesiana*, fruto do domínio público sobre os elementos fundamentais do processo de produção e financiamento da economia do país; em seguida a plena *soberania monetária* como fundamento material essencial à explicação de uma economia que não somente tem tido êxito à restrição da ação da lei do valor, mas que não sofre de nenhum grau de restrição financeira, dada a utilização consciente da criação de moeda para fins de execução de grandes projetos.

Algo a ser destacado, e que tem relação direta com o papel da razão humana sob o controle do processo produtivo, está na terceira categoria de análise, sintetizada na ação consciente de milhares de projetistas ligados tanto às necessidades de *catching-up* quanto à subordinação de toda e qualquer execução de projetos à superação do desemprego enquanto circunstância. Isso levou a China a lograr o êxito de *planificar a destruição criativa*, de forma que uma queda no crescimento econômico recente não impactasse na geração anual de cerca de 13 milhões de empregos urbanos.

O papel de vanguarda do PCCh, condicionado por melhoras substanciais nos padrões de vida do povo, pela elevação do poderio nacional e pela instituição de megaprojetos voltados ao bem estar da sociedade em geral, tem sua contraparte subjetiva sintetizada na categoria que chamamos de *pacto tácito de adesão*. No caso da prontidão nacional, o PCCh levando 450 mil voluntários para combater a morte em Wuhan e o Estado priorizando vidas em detrimento do lucro empresarial foi a cabal demonstração de que novos marcos de sociabilidade operam sobre o concreto. O *pacto tácito de adesão* fez-se sentir, suplantando as sociabilidades de formações econômico-sociais capitalistas e ocidentais pela via do ressurgimento de vozes do Estado, que proclamou uma "Guerra Popular" contra o vírus.[25]

Dois processos que se entrecruzam

Uma questão, quase como senso comum, é relacionada ao que seria uma "geopolítica da China". Ou seja, qual seria a estratégia nacional chinesa diante de seus objetivos internos de curto, médio e longo prazos? Propomos uma resposta inicial que abarque dois níveis distintos de análise. A primeira está relacionada a uma visão geopolítica centrada em sobrevivência, manutenção, defesa e desenvolvimento de seu Estado e civilização milenares. Essa visão também tem caráter teórico, pois esse objetivo, em uma clara fusão

---

[25] Dic Lo e Yuning Shi, em "China versus the US in the Pandemic Crisis: The State-People Nexus Confronting Systemic Challenges", fazem interessante análise comparativa entre China e Estados Unidos no combate à pandemia baseada nos conceitos de saída, voz e lealdade desenvolvidos em famoso livro de Albert Hirschman, *Exit, Voice, and Loyalty: Responses to Decline in Firms, Organizations, and States*. Segundo os autores, o caso da China é tratado como um "*tough model*"; dos EUA, "*loose model*".

entre teoria e história, intervala-se diretamente com construir marcos teóricos, conceituais e categoriais que sirvam de base à compreensão do que podemos chamar, também, de geopolítica da Nova Economia do Projetamento.

Já o outro nível de análise, dialeticamente relacionado com o primeiro, está na própria globalização proposta, tendo por base os avanços econômicos atrelados às novas e superiores formas de planificação econômica que surgem no país. É nesse momento que adotamos a abordagem desenvolvida por Javier Vadell, Daniela Secches e Mariana Burger no artigo "De la globalización a la Interconectividad: reconfiguración espacial em la iniciativa Belt & Road e implicaciones para el Sur Global". Nele se contrapõe a presente globalização (neoliberal) com a "Globalização Institucionalizada pela China" (GIC), tendo como marco a Iniciativa Cinturão e Rota. Em termos mais diretos, significa:

> La crisis económica de 2008 y el rol protagonista de China promovieron el proceso dialéctico del "doble movimiento" [...] donde el neoliberalismo económico y su modelo de globalización dio lugar a este proceso de contramovimiento encabezado por China. En este sentido, nuestra hipótesis es que en esta etapa está ocurriendo un proceso de globalización institucionalizada con características chinas a escala global, que no abandona principios liberales, como fue destacado por Xi Jinping, especialmente después de la radicalización del discurso proteccionista del presidente de los EEUU, Donald Trump.[26]

---

[26] VADELL, J.; SECCHES, D.; BURGER, M. "De la globalización a la Interconectividad: reconfiguración espacial em la iniciativa Belt & Road e implicaciones para el Sur Global", p. 51.

***

Não é prudente relacionar a "Globalização Institucionalizada pela China" (GIC) como um construto que têm operado, na prática, como uma alternativa à globalização proposta pelo Atlântico Norte sem nos remetermos a alguns contornos históricos fundamentais e que servem de poderosa base analítica aos interessados na chamada "geopolítica da China". Uma teoria das relações internacionais chinesas, necessariamente, deve ter como ponto de partida características histórico-civilizacionais que demarcam, até os dias de hoje, o horizonte não somente espiritual do povo chinês em si, mas, também, aquele presente no *modus operandi* da estratégia internacional chinesa.

Por outro lado, determinados apontamentos históricos devem ser postos no debate diante da uma nova vaga histórica, caracterizada por uma comparação entre Estados e instituições e que tem levado muitos analistas a ressuscitarem, de forma vulgar, expressões como o "despotismo asiático". Abrindo parêntese, na verdade, a história das relações entre ocidente e oriente são muito marcadas por idas e vindas. Se de um lado Heródoto, pai da história e da geografia, referiu-se ao Egito como a "dádiva do Nilo", Aristóteles foi o primeiro a se referir à China como um "despotismo oriental". O pós-iluminismo marcou o rompimento de uma necessária era de convergência civilizacional entre a China e a Europa, levada a cabo por jesuítas.[27] Desde então

---

[27] XIANG, L. *The Quest for Legitimacy in Chinese Politics: A New Interpretation.*

a democracia transformou-se em uma religião reveladora de um complexo de superioridade ocidental que perdura até os nossos dias, mesmo entre círculos de pensadores pretensamente progressistas.

A China é uma civilização milenar, nascida após o processo de sedentarização de tribos nômades nos grandes vales dos rios Yangtzé e Amarelo. Com cerca de 5 mil anos de existência, esta civilização passou a orbitar em torno de milhares de famílias camponesas, cuja produção em larga escala de arroz e demais cereais foi se tornando a principal ocupação laboral. As possibilidades abertas pela abundância de água e solo fértil levaram a um rápido desenvolvimento de suas *forças produtivas* materiais, abrindo condições ao precoce surgimento de uma larga economia de mercado na mesma proporção que cresciam as responsabilidades coletivas e familiares distintas.[28] Neste aspecto:

> Antes de 2000 a.C. surgiram, em vários pontos distintos, elites governamentais com o papel principal de construir pequenas obras regionais de engenharia de irrigação, ao mesmo tempo que nasceram cidades amuralhadas, trocas comerciais e especializações artesanais [...]. As aldeias camponesas eram fontes de mão de obra compulsória para os trabalhos de engenharia mais amplos [...]. Pouco a pouco foi nascendo e se consolidando o modo de produção asiático.[29]

---

[28] É importante salientar que os camponeses chineses nunca viveram sob o regime de servidão, ao contrário do campesinato russo. Cf. MAMIGONIAN, A. "A China e o marxismo: Li Dazhao, Mao e Deng".

[29] *Idem*, p. 149.

Esse "modo de produção asiático" consolidou-se sob as bases de uma organização de caráter administrativa, que estabelecia relações de vassalagem direta com as famílias camponesas. Essa unidade administrativa tinha como base as já citadas milhares de famílias camponesas, cuja subjetividade espelhava fortes estruturas igualitárias, dando margem a um precoce espírito tanto democrático quanto insurgente diante de estruturas administrativas corrompidas, conforme as inúmeras revoltas camponesas comprovam.[30] É evidente que, no limite, a administração pública e as famílias camponesas formavam dois polos que entravam em contradição ciclicamente.

Atestamos que, guardadas as devidas proporções históricas, a China já surge como uma forma primitiva de Estado Desenvolvimentista.[31] Essa característica é resultado de um Estado nacional que nasce tendo, diante de si, a tarefa de organizar, elaborar e executar milhares de intervenções sobre o território ante a necessidade da contenção de enchentes e da construção de cidades comerciais e administrativas. E não somente isso, quando observamos a

---

[30] Sobre o modo de produção asiático, cf. MARX, K. *Formações econômicas pré-capitalistas;* e MARX, K.; ENGELS, F. *Sobre el modo de producción asiático.*

[31] Cf. JABBOUR, E. *China hoje: projeto nacional, desenvolvimento e socialismo de mercado.* Segundo Mamigonian: "As monarquias se consolidaram, suas capitais administrativas fortificadas chegavam a alcançar 35 km quadrados, seus maiores palácios 10 mil metros quadrados, as forças militares se tornaram permanentes, surgiu um sistemas de leis e a escrita se consolidou" (MAMIGONIAN, A. "A China e o marxismo: Li Dazhao, Mao e Deng", p. 150).

história da civilização e seu "Estado criatura", percebendo a existência de ciclos expansivos e depressivos. Por exemplo, em sua primeira fase descendente (770 a 71 a.C.), a metalurgia de bronze espraiou-se sobre o território – fator fundamental para a elevação da produtividade do trabalho no campo – e abriu uma nova fase ascendente, culminando na formação do Estado nacional, momento que marcou a imediata retomada da construção da Grande Muralha, com mais de 4.400 quilômetros de extensão e construída em apenas dez anos.[32]

Sob outro ponto de vista, é útil assinalar algo sobre as perspectivas subjetivas do povo chinês e suas origens. A noção desenvolvida por Marx, ainda no livro 1 de *O Capital*, de "trabalho necessário" e "trabalho excedente" nos permite margem para pensarmos nas relações homem x natureza e a formação de subjetividades derivadas desta relação. Se um ambiente natural, marcado pela existência de vales férteis, torna o "trabalho necessário" menor em relação a pontos do globo onde a hostilidade da natureza leva a um árduo trabalho humano para seu domínio, não seria nenhum exagero que a civilização chinesa pudesse produzir filosofias de cunho civilizatórias e tolerantes, como o confucionismo e o taoísmo. O oposto pode ser observado nos Estados Unidos, onde o horizonte espiritual é fortemente influenciado por ideologias de cunho reacionárias, nascidas nos ambientes desérticos no Mediterrâneo oriental.

---

[32] A dinastia Han (206 a.C.– 220 d.C.) montou um sofisticado aparelho de Estado, incluindo a introdução de concursos públicos à seleção de burocratas.

É irresistível relacionar essa formação do ser humano chinês em comparação com os EUA sem ir à raiz. Noções como o "destino manifesto" ou "Nova Canaã" são muito presentes nas políticas externas norte-americanas desde seu nascimento. Por outro lado, uma linha reta entre as lições de tolerância típicas de Lao Tsé e Confúcio está amplamente presente nos processos de inserção internacional chinês. É sugestivo, nesse sentido, a própria concepção de "Comunidade de Destino Compartilhado" como a ideia-força proposta por Xi Jinping em resposta aos desafios comuns de um planeta instável, crescentemente perigoso e vivendo sob uma forte crise ambiental.

***

Voltemos à "Globalização Institucionalizada pela China" (GIC). Esta construção é parte de um processo histórico, cuja síntese é uma decadência, mesmo que relativa, dos EUA em relação à ascensão da China como parte de um polo de poder que não é encerrado em si mesmo, mas parte de um núcleo gravitacional chinês mais o chamado "Sul Global". Segue uma interessante síntese:

> La transición histórica em su dimensión geopolítica comienza a percibirse claramente a partir de 1999-2001, cuando brota germinalmente la situación de multipolaridad relativa que hoy vivimos, como reacción a la globalización financiera neoliberal estadounidense-angloamericana y su expansión política y militar. El declive relativo de Estados Unidos y "Occidente", por un lado, y la reemergencia de China y Asia-Pacífico, por el otro, es una de las características centrales del cambio

de época que vivimos, el cual no puede ser interpretado solamente como una transición hegemónica más dentro del moderno sistema mundial. Es decir, como parte de la sucesión de ciclos de hegemonía del sistema mundial moderno iniciados em el siglo XV.[33]

A decadência, no âmbito político e produtivo, do ocidente em relação ao avanço sem tropeços da China, rumo à constituição de uma "Nova Economia do Projetamento", é parte das grandes marcas da presente quadra histórica. Fica evidente que não podemos nos esquecer do grau crescente, como resposta à sua própria decadência, da violência imperialista sob qualquer ângulo de análise.[34] Trata-se, a violência imperialista, de um elemento que deve ser observado historicamente como expressão da crença dos EUA nos citados valores importados do Mediterrâneo Oriental, tornando o mundo um local cada vez mais perigoso e imprevisível. O próprio *hegemon* é o principal elemento de instabilidade mundial. A financeirização como dinâmica dominante de acumulação reduz as possibilidades do imperialismo de se colocar como alternativa aos povos diante da capacidade produtiva construída pela China nas últimas quatro décadas.

---

[33] MERINO, G. "El ascenso de China y las disputas estratégicas em los grupos dominantes de los Estados Unidos", p. 46.

[34] Segundo José Luís Fiori ("A nova geopolítica das nações e o lugar da Rússia, China, Índia, Brasil e África do Sul", p. 88), durante a era Clinton, os Estados Unidos se envolveram em 48 intervenções militares, muito mais do que em toda a Guerra Fria, período em que ocorreram 16 operações. Atualmente esse número já ultrapassou a casa das 70 intervenções militares.

As condições histórico-conjunturais apontam para a possibilidade de uma abordagem que relaciona a GIC com as capacidades estatais – colocadas em teste com sucesso e amplamente resilientes à pandemia da Covid-19 – criadas pela China e sintetizadas em uma Nova Economia do Projetamento e um horizonte construído no desenrolar do desenvolvimento filosófico-espiritual da civilização chinesa, baseado em princípios tolerantes, coletivistas e de respeito à soberania dos povos. É muito feliz a seguinte interpretação:

> O Tiānxià (天下) está associado à civilização e ordem na filosofia chinesa clássica, formando a base para a visão de mundo deste povo e nação. Ele consiste na representação de um sistema que permite a garantia da ordem universal como objetivo maior da política, e cuja centralidade da estratégia do Zhōngguó (中国) estaria atravessada pelo respeito à noção de soberania dos demais países, uma vez que a harmonia é a condição ontológica para a existência e desenvolvimento das coisas [...]. De outro modo, este é um conceito de um desenvolvimento compartilhado e anti-imperialista, que forma a cosmovisão de mundo de centralidade e grandeza da China vis-à-vis sua interação com o restante do sistema internacional.[35]

O que estamos a assistir é um movimento de longa duração, no qual se inverte uma lógica de hegemonia ocidentalizante com uma duração de cinco séculos e para a qual a própria China fora arrastada pela força e de forma

---

[35] RODRIGUES, B.; MARTINS, C. "O sistema Tiānxià (天下) como estratégia do Zhōngguó (中国) – reflexões sobre a transição hegemônica mundial no longo século XXI", p. 168-169.

submissa à ordem westphaliana. Interessante notar que a solução chinesa à sua questão de soberania passou pela incorporação do marxismo importado *criticamente* pelo sucesso da Revolução Russa de 1917. Interessa-nos lembrar que *O Manifesto Comunista* de Marx e Engels foi traduzido para o mandarim em 1919, e o PCCh assumiu o poder apenas 28 anos depois de sua fundação, em 1921, restabelecendo a soberania nacional, colocando no centro de sua "geopolítica" a proteção de seu berço territorial, ventre de sua civilização.[36]

Dialeticamente a China assume uma posição na arena internacional em que seu desenvolvimento econômico se desdobra para muito além de suas fronteiras. As possibilidades abertas por um estágio único e novo de desenvolvimento (Nova Economia do Projetamento) colocam o país em condições de destravar os investimentos em infraestrutura em escala global. Suas instituições financeiras, a capacidade instalada de sua indústria, uma governança baseada na razão (*Science-Based Government*) e a velha bandeira que um dia sacudiu a periferia colonial em nome do direito ao desenvolvimento e ao planejamento das políticas nacionais

---

[36] É evidente que a percepção de Mao Tsé-tung do potencial revolucionário dos camponeses, atestado historicamente por violentas revoltas contra dinastias decadentes, foi fundamental ao sucesso da empreitada revolucionária. Alegamos que o mesmo instinto de "formação social" teve Deng Xiaoping ao perceber que a milenar capacidade comercial e empreendedora do camponês médio chinês seria fundamental ao processo de reformas econômicas, iniciado em 1978. O socialismo chinês foi reinventado a partir da fundação de instituições de mercado que ligaram o projeto nacional da China às suas origens milenares.

são os cordéis da "Globalização Institucionalizada pela China" (GIC).

O projetamento como um braço da GIC, neste caso, seria expressão de uma moderna geopolítica popular, uma geopolítica anticolonialista e de libertação nacional que interessou a intelectuais da estatura tanto de Ignacio Rangel quanto de Domenico Losurdo.[37] Eis o sentido da "geopolítica da China".

Considerações finais

Buscamos levantar neste texto alguns apontamentos no sentido de compreender o que comumente se chama de "geopolítica da China". Para tal, lançamos mão de alguns pressupostos teóricos amplamente relacionados com a necessária fusão entre teoria e história, tão cara tanto à Hegel quanto à Marx. Dessa forma, situamos a geopolítica da China ao compreender os conceitos de "Nova Economia do Projetamento" e "Globalização Institucionalizada pela China", além de aspectos históricos fundamentais à compreensão do horizonte espiritual e da própria governança chinesa.

Concluímos que a "Geopolítica da China", enquanto expressão da manutenção e da reprodução dos valores civilizacionais do país, guarda diferenças profundas em relação à geopolítica gestada pela globalização financeira levada a

---

[37] Cf. SILVA, M. A. "A categoria de formação socioespacial e a questão regional: uma aproximação com Gramsci"; RANGEL, I. "Prossegue a recuperação chinesa"; LOSURDO, D. *Fuga da história? A revolução russa e chinesa vista de hoje.*

cabo pelo imperialismo. A "Globalização Institucionalizada pela China", amparada por sólidos instrumentos políticos, financeiros e institucionais gerados pela entrada do país em um inédito estágio de desenvolvimento (Nova Economia do Projetamento), é a antessala de uma moderna geopolítica popular, anticolonialista e de libertação nacional.

Referências

BELLUZZO, L. G. *O capital e suas metamorfoses*. São Paulo: Unesp Editora, 2012.

CASTRO, M. H. "Elementos de economia do projetamento". In: HOLANDA, F, M.; ALMADA, J.; PAULA, Z. A. Ignacio Rangel, decifrador do Brasil. São Luís: Edufma, 2014.

FIORI, J. L. A nova geopolítica das nações e o lugar da Rússia, China, Índia, Brasil e África do Sul. *Oikos*, n. 8, p. 77- 106, 2007.

GABRIELE, A. *Enterprises, Industry and Innovation in the People's Republic of China: Questioning Socialism from Deng to the Trade and Tech War*. Singapore: Springer, 2020.

GABRIELE, A.; JABBOUR, E. *A China e o socialismo de nosso tempo: a "Nova Economia do Projetamento" como estágio avançado do socialismo de mercado* (no prelo).

GALBRAITH, J. K. *Economics in Perspective: A Critical History*. New York: Hardcover, 1987.

HEDLER, B. "China's international projection since 2008: the new core-periphery relations and the belt and road initiative through foreign direct investment". *Revista da Escola Guerra Naval*, v. 25, n. 2, p. 416-448, maio/ago. 2019.

HIRSCHMAN, A. *Exit, Voice, and Loyalty: Responses to Decline in Firms, Organizations, and States*. Cambridge: Harvard University Press, 1970.

HIRSCHMAN, A. *The strategy of economic development*. New Haven: Yale University Press, 1958.

INTERNATIONAL LABOUR ORGANIZATION. *Global Wage Report 2018/19 – What lies behind gender pay gaps*. Geneva: ILO, 2018.

JABBOUR, E. *China hoje: projeto nacional, desenvolvimento e socialismo de mercado*. São Paulo: Anita Garibaldi/EDUEPB, 2012.

JABBOUR, E.; DANTAS, A. "Ignacio Rangel na China e a 'Nova Economia do Projetamento'". In: ENCONTRO NACIONAL DE ECONOMIA POLÍTICA, 25., 2020, Salvador. Anais... Salvador: UFBA, 2020. Disponível em: https://bit.ly/3ti96uh. Acesso em: 19 mar. 2021.

JABBOUR, E.; DANTAS, A. "Na China emerge uma Nova Formação Econômico-Social". *Princípios*, n. 154, p. 70-86, 2018.

JABBOUR, E.; DANTAS, A.; ESPÍNDOLA, C. "Considerações iniciais sobre a 'Nova Economia do Projetamento'". *Geosul*, v. 35, n. 75, p. 17-42, maio/ago. 2020.

JABBOUR, E.; DANTAS, A.; ESPÍNDOLA, C.; VELLOZO, J.; "A (Nova) Economia do Projetamento: o conceito e suas novas determinações na China de hoje". *Geosul*, v. 35, n. 77, p. 17-48, dez. 2020.

KEYNES, J. *The General Theory of Employment, Interest and Money*. New York: Harcourt, 1936.

LO, D.; SHI, Y. "China versus the US in the Pandemic Crisis: The State-People Nexus Confronting Systemic Challenges". *SOAS Department of Economics*. London, Working Paper, n. 237, 2020.

LO, D.; WU, M. "The State and industrial policy in Chinese economic development". In: SALAZAR-XIRINACHS, J. M.; NUBLER, I.; ZOZUL-WRIGHT, R. (Ed.). *Transforming economies*. Geneva: International Labour Office, 2014.

LOSURDO, D. *Fuga da história? A revolução russa e chinesa vista de hoje*. Rio de Janeiro: Revan, 2004.

MAMIGONIAN, A. "A China e o marxismo: Li Dazhao, Mao e Deng". In: DEL ROIO, M. (Org.). *Marxismo e Oriente: quando as periferias tornam-se os centros*. Marília: Ícone, 2008.

MARX, K. *Crítica ao programa de Gotha*. São Paulo: Boitempo, 2012.

MARX, K. *Formações econômicas pré-capitalistas*. Rio de Janeiro: Paz e Terra, 1975.

MARX, K. *O Capital: crítica da economia política. O processo de produção do capital*. São Paulo: Boitempo, 2011 [1867]. V. 1.

MARX, K.; ENGELS, F. *Sobre el Modo de Producción Asiático*. Barcelona: M. Roca, 1969.

MERINO, G. "El ascenso de China y las disputas estratégicas em los grupos dominantes de los Estados Unidos". *Brazilian Journal of Latin American Studies – Cadernos Prolam/USP*, v. 19, n. 37, p. 44-77, out. 2020.

NAUGHTON, B. "Is China socialist?". *Journal of Economic Perspectives*, v. 31, n. 1, p. 3-24, 2017.

NOGUEIRA, I. "Estado e capital em uma China com classes". *Revista de Economia Contemporânea*, v. 1, n. 22, p. 1-23, 2018.

PIKETTY, T; YANG, L.; ZUCMAN, G. "Capital accumulation, private property and rising inequality in China". *NBER Working Paper*, n. 23368, apr. 2017.

RANGEL, I. "Desenvolvimento e Projeto". In: RANGEL, I. *Obras Reunidas*. Rio de Janeiro: Contraponto, [1956] 2005.

RANGEL, I. "Elementos de Economia do Projetamento". In: RANGEL, I. *Obras Reunidas*. Rio de Janeiro: Contraponto, [1959] 2005.

RANGEL, I. "Prossegue a recuperação chinesa". *Cadernos do Nosso Tempo*, v. 1, n. 1, p. 59-64, 1952.

RODRIGUES, B.; MARTINS, C. "O sistema Tiānxià (天下) como estratégia do Zhōngguó (中国) – reflexões sobre a transição hegemônica mundial no longo século XXI". *Geosul*, v. 35, n. 77, p. 166-195, dez. 2020.

SCHUMPETER, J. *Business Cycles*. New York: McGraw Hill, 1939.

SCHUMPETER, J. *Capitalism, Socialism and Democracy*. London and New York: Routledge, 1942.

SCHUMPETER, J. *The Theory of Economic Development*. New Bruswick, New Jersey: Transaction Press, (1934 [1912]).

SERENI, E. "De Marx a Lênin: a categoria de 'formação econômico-social'". *Meridiano*, n. 2, p. 248-346, 2013.

SILVA, M. A. "A categoria de formação sócio-espacial e a questão regional: uma aproximação com Gramsci". *Observatório Geográfico de América Latina*, n. 11, p. 1-7, 2012.

SILVA, M. A. "Domenico Losurdo, filósofo da história, geógrafo do anticolonialismo". *Portal Grabois*, 16 jul. 2018. Disponível em: https://bit.ly/3e3qnkC. Acesso em: 13 set. 2020.

VADELL, J; SECCHES, D; BURGER, M. "De la globalización a la Interconectividad: reconfiguración espacial em la iniciativa Belt & Road e implicaciones para el Sur Global". *Revista Transporte y Territorio*, n. 21, p. 44-67, 2019.

XIANG, L. *The Quest for Legitimacy in Chinese Politics: A New Interpretation*. London/New York: Routledge, 2020.

YU, H. "Universal health insurance coverage for 1.3 billion people: What accounts for China's success?" *Health Policy*, n. 119, p. 1145-1152, 2015.

3
Comentários sobre a economia política chinesa

Wladimir Pomar

Há pouco, os comunistas chineses voltaram a intensificar os debates em torno da economia política marxista e da sua relação, tanto com o caminho de desenvolvimento econômico, social e político de seu país quanto com as complexas mudanças na situação econômica mundial. E reiteraram que, diante da diversidade e da complexidade dos fenômenos econômicos, mundiais e locais, a compreensão da economia política marxista, e de seus métodos científicos de análise, tornou-se ainda mais fundamental para entender as leis de desenvolvimento econômico, social e político e, com isso, responder melhor às questões da teoria e da prática do desenvolvimento da China.

Poderiam ter acrescentado que tal compreensão também é fundamental para analisar os problemas da crise de desenvolvimento dos Estados Unidos e, em certa medida, da Europa e do Japão, assim como das crises de subdesenvolvimento de inúmeros outros países do mundo, apesar ou por causa da globalização do modo de produção capitalista. De qualquer modo, a análise do papel da economia política marxista no caminho histórico chinês é, ao mesmo tempo, complexa e desafiante, em particular porque o desenvolvimento do país partiu de condições econômicas e sociais historicamente muito atrasadas.

Tal caminho, tomando como diretriz a construção da sociedade futura, tendo por base a produção destinada à prosperidade de todos, reiterou sempre que o povo chinês ocuparia o aspecto central no processo, seja como autor, seja como beneficiário. Assim, a economia política marxista na China tomaria o desenvolvimento econômico, social e político de seu povo, como diretriz fundamental. Como disse Deng Xiaoping, a essência do socialismo chinês deveria consistir em liberar e desenvolver as forças produtivas, eliminar a exploração e a polarização e, finalmente, alcançar a prosperidade comum de toda a sua população.

Ou seja, desde o início, China tratou de adotar uma política econômica que tivesse como ponto de partida o desenvolvimento econômico e, como objetivo central, a melhoria do bem-estar de todo o povo. Isso obrigou a aderência a uma visão que levasse em conta as mudanças ambientais, assim como a um desenvolvimento que englobasse conceitos novos, como inovação, coordenação, ambiente verde, ambiente aberto e ambiente partilhado. Ou, como supunham Marx e Engels, um desenvolvimento em que todas as pessoas gozassem de bem-estar, tivessem uma existência natural, e a história natural e a história humana fossem partilhadas igualmente.

A revolução nacional democrático-popular

Um dos problemas para chegar a essa etapa consistiu no fato de que a China teve que partir de uma situação muito preliminar e atrasada de desenvolvimento. No final dos anos 1940, seu capitalismo, além de muito rudimentar, não era sequer dominante, seja do ponto de vista econômico, seja do social, ideológico e político.

Suas forças produtivas eram muito deficientes. Sua indústria mal passava de um aglomerado de sistemas artesanais. A maior parte de sua população trabalhava no campo, com instrumentos rudimentares e em disputa constante com proprietários feudais. Seu sistema de transportes era rudimentar e desconectado. O analfabetismo predominava na maior parte da população, que também era atacada por endemias diversas, sendo muitas delas mortíferas.

Portanto, as bases para fornecer condições de vida superiores inexistiam. Do ponto de vista da economia política marxista, primeiro seria necessário construir a etapa histórica que o capitalismo fora incapaz de realizar e, ao mesmo tempo, ingressar num sistema econômico socialista básico, que pelo menos pudesse evitar muitos dos sofrimentos comuns ao sistema econômico e social comandado pelo capital.

Não por acaso a revolução nacional, que começou a mudar a face da China, enquadrou-se na categoria então denominada "democrática popular". Ela teve como principal base social o campesinato, e sua aliança englobava o operariado e as diversas camadas da pequena burguesia e da burguesia nacional. Basta lembrar que a revolução chinesa teve início nas bases rurais livres do sudeste da China, continuou tendo as regiões rurais como principais durante a frente nacional contra a invasão japonesa e só conquistou as cidades no curso da guerra civil contra o *Kuomintang*.

Do ponto de vista da economia política, tratava-se de realizar a revolução agrária, que liquidasse o prolongado sistema de domínio feudal, implantar e desenvolver científica e tecnologicamente as forças produtivas industriais, com a participação da burguesia nacional, e ampliar de forma consistente o trabalho assalariado.

A rigor, uma tarefa histórica que deveria ter sido realizada pela burguesia chinesa, mas não foi. Criou-se uma situação em que a direção dessa revolução, ao mesmo tempo nacional, democrática, capitalista e socialista, foi conduzida pelo Partido Comunista, com o apoio de outros oito partidos políticos que emergiram no processo de luta contra o invasor japonês e, depois, participaram na frente democrático-popular que derrotou os exércitos de Chiang Kai-shek.

Nessas condições, não se tratava de estabelecer as bases econômicas, sociais e políticas para ingressar na transição histórica de superação do capitalismo. Tratava-se de ingressar numa transição mais complexa, que levasse em conta a necessidade de desenvolver as forças produtivas, tendo a corrente social e política socialista à frente do processo. É essa complexa situação social e política da revolução chinesa que explica o fato de a economia política marxista ter sido constrangida a passar por várias experiências práticas até encontrar um caminho que lhe possibilitasse resolver o problema do atraso de desenvolvimento capitalista e, ao mesmo tempo, ingressar no desenvolvimento socialista.

Experiências práticas preliminares

Em primeiro lugar, a economia política marxista chinesa no poder teve que superar as deficiências básicas predominantes em sua sociedade: economia agrícola ainda feudal, endemias disseminadas, moradias insuficientes, alimentação precária e analfabetismo em larga escala. Ou seja, só depois de realizar a reforma agrária, melhorar o padrão alimentar e a saúde populacional, e ampliar o número de moradias e de escolas, é que o país se viu diante da necessidade de dar um grande salto na implantação da indústria, na modernização da agricultura redistribuída, e na construção de uma infraestrutura moderna.

Tudo isso no contexto de mobilização e organização de cerca de um milhão de voluntários para enfrentar a invasão de tropas norte-americanas e de outras 14 nações à República Democrática da Coreia, com a qual a China faz fronteira. Invasão que talvez não se limitasse à península coreana se tais voluntários não tivessem imposto aos invasores derrotas consistentes e levado os Estados Unidos a negociarem a paz.

Esse empenho defensivo impôs atrasos ao processo de industrialização, cujo apoio técnico inicial e principal foi fornecido pelos soviéticos. Apoio que entrou em crise a partir de 1956, em virtude das reformulações políticas do Partido Comunista Soviético, paralelamente a movimentos de resistência da burguesia nacional chinesa, que pretendeu obrigar a economia política marxista a procurar um caminho tipicamente capitalista de desenvolvimento. O que explica, em grande medida, tanto o "Grande Salto

Adiante" quanto a "Revolução Cultural Proletária", ambos procurando evitar que a propriedade privada dos meios de produção se tornasse a base das relações sociais e a direção básica do desenvolvimento da sociedade chinesa.

Especialmente no doloroso curso de cerca de mais de dez anos da "Revolução Cultural", a dialética marxista da economia política teve que se fazer presente, com muita força, para indicar que não era possível ingressar numa etapa histórica totalmente socializada antes que o desenvolvimento industrial, com capacidade para atender plenamente às necessidades sociais, tivesse cumprido seu papel.

Afinal, o capitalismo precisa ser superado não somente porque impede o desenvolvimento das forças produtivas e explora impiedosamente a classe trabalhadora, mas porque, ao realizar o desenvolvimento produtivo, cria uma contradição monstruosa ao descartar as forças de trabalho e impedir que a maior parte da população tenha acesso aos bens produzidos. Ao contrário disso, naquela ocasião, o problema chinês consistia em que seu capitalismo fora incapaz de estabelecer forças produtivas geradoras de riqueza, através do amplo emprego de suas forças de trabalho, para a produção de bens industriais capazes de satisfazer sua sociedade.

Em tais condições, por um lado, a economia política marxista chinesa precisava fazer com que o papel histórico de desenvolvimento científico e tecnológico industrial fosse cumprido. Por outro, com base nas suas próprias experiências e na experiência em curso nos países soviéticos e democrático-populares, cuja estatização apresentava crescentes problemas de burocratização e de falta de capacidade para suprir as necessidades básicas de suas populações, deveria estabelecer um caminho que se adequasse à dialética da história e permitisse uma transição mais tranquila e firme para uma sociedade de tipo superior. Isso explica a adoção da política de reforma e abertura, a partir de 1978, mais tarde renomeada de socialismo de mercado.

Política de Reforma e Abertura

Em grande medida, foi a avaliação histórica do fracasso da experiência da "revolução cultural" que levou a economia política marxista chinesa, a partir do final dos anos 1970, a ingressar na política de "Reforma e Abertura". Ou seja, num sistema econômico de "primeiro estágio do socialismo", que enfatizasse a propriedade pública como corpo principal, mas admitisse a economia privada como fator "concorrencial", tanto para evitar a burocratização das empresas estatais, quanto para acompanhar e promover as revoluções científicas e tecnológicas indispensáveis para alcançar o estágio em que a capacidade produtiva fosse capaz de atender a todas as necessidades sociais, sem precisar de "trabalho vivo".

A partir de então, os setores econômicos públicos e não públicos, ou públicos e privados, tornaram-se os principais componentes da chamada "economia socialista de mercado". Assim, a economia política marxista chinesa ingressou num processo de desenvolvimento e consolidação do setor público da economia, ao mesmo tempo que encorajou e guiou o desenvolvimento do setor privado, de modo a fortalecer o desenvolvimento geral das forças produtivas e das forças de trabalho, através da concorrência, ou do mercado.

Isso ainda hoje suscita controvérsias no próprio campo da economia política marxista, com muitos de seus adeptos considerando que a China involuiu para a exploração capitalista típica. A construção e o funcionamento de empresas privadas, inclusive estrangeiras, tendo trabalhadores chineses explorados e produtores de mais-valia para os capitalistas proprietários, seria uma demonstração cabal de tal involução. A presença de empresas estatais, concorrendo com empresas privadas, mas praticando o mesmo sistema de extração de mais-valia, seria apenas uma tentativa de mascarar a "natureza capitalista" da China.

Apesar disso, a economia política marxista chinesa continua considerando que jamais abandonou sua versão de que o sistema econômico básico chinês é um pilar do sistema socialista. As características e os fundamentos de sua economia socialista de mercado se relacionariam com o atraso histórico do desenvolvimento capitalista na China, de modo algum substituindo o papel predominante da propriedade pública e da economia de propriedade estatal.

Ou seja, o setor produtivo público continuaria sendo uma garantia institucional. Primeiro para que a participação do conjunto da população chinesa nos frutos do desenvolvimento se realize. Segundo para que o próprio sistema socialista se desenvolva, no sentido de tornar desnecessário o papel da propriedade privada, a partir do momento em que as forças produtivas não mais necessitem de trabalho vivo como condição para realizar o processo produtivo e satisfazer as necessidades sociais.

Ainda segundo os economistas políticos marxistas chineses, tal situação pode ser comprovada no sistema básico de distribuição, que determina e reage sobre a produção e habilita os membros da sociedade a desenvolverem suas habilidades culturais e profissionais. O atual sistema chinês de distribuição ainda tem o trabalho como corpo principal. Por um lado, há esforços estatais contínuos para melhorar sistemas, mecanismos e políticas destinadas a ajustar o padrão nacional de distribuição da renda e estreitar a diferença nessa distribuição. Tais esforços podem ser constatados pela pertinácia da elevação da renda dos trabalhadores, atualmente muito superior à percebida no final do século passado. Por outro, apesar disso, as diferenças de renda ainda são grandes, já que ainda é baixa a proporção da remuneração do trabalho na distribuição primária e há baixa proporção da renda familiar na distribuição da renda nacional.

Não há como negar, porém, que o desenvolvimento da economia socialista de mercado contribuiu para o desenvolvimento econômico e social da China. Tal desenvolvimento ocorreu sob um sistema político socialista que, em grande medida, mostrou ser capaz de enfrentar com sucesso tanto as crises externas quanto as tendências do sistema de propriedade privada para crises internas. Desenvolvimento que também tem demonstrado ser possível reduzir gradualmente as desigualdades de renda, assim como os problemas de emprego da força de trabalho, na medida em que o trabalho vivo começa a ser substituído pelo trabalho morto e tende a gerar desemprego estrutural.

Talvez por isso a economia política marxista chinesa, ao mesmo tempo que proclama a continuidade do sistema socialista básico e da economia de mercado, permita o pleno uso de ambos, intensifique os contatos com o restante do mundo, incluindo investimentos no exterior, persevere no desenvolvimento da China e de seus interesses, e atue ativamente para resolver os problemas teóricos e práticos que necessitam ser modificados.

Exemplo disso consiste em seu estudo crítico das teorias econômicas ocidentais sobre finanças, preços, moeda, mercado, competição, comércio, câmbio, indústrias, empresas, crescimento e gerenciamento, que refletem as regras gerais da produção socializada de massa e da economia de mercado. E no reconhecimento de que, embora o salto econômico dado pela China, em menos de 50 anos, tenha lhe permitido ombrear-se com os Estados Unidos em termos de Produto Interno Bruto (PIB), sua população de 1,3 bilhões de pessoas ainda não lhe permite apresentar um PIB *per capita* idêntico.

Mesmo assim, tal fato demonstra que a China se tornou o principal motor do crescimento global, em pouco mais de 40 anos desde a adoção da política de Reforma e Abertura, numa demonstração de que a economia política marxista é realmente um instrumento poderoso para analisar e resolver os problemas suscitados pelo desenvolvimento das sociedades capitalistas, tanto avançadas, como a norte-americana e as europeias, quanto aquelas em processo de desenvolvimento e/ou de desmembramento, como as do Brasil e de outros países da América Latina, da África e da Ásia.

Em outras palavras, em países atrasados do ponto de vista capitalista, a economia política marxista pode ser instrumento poderoso para o processo de elaboração de uma teoria de desenvolvimento econômico e social que leve em conta tal atraso. Ela certamente indicará a indústria e o desenvolvimento científico e tecnológico como os principais fatores do desenvolvimento coordenado e recomendará o aproveitamento de outros pontos importantes eventualmente existentes, como a infraestrutura e a agricultura.

Além disso, tendo em conta o atraso relativo das forças produtivas capitalistas, será obrigada a recomendar que o mercado, como arena de disputa, ainda desempenhe um papel importante na alocação dos recursos e na inovação concorrencial. Por outro lado, o Estado e os governos podem, e devem, desempenhar um papel orientador geral, em especial no desenvolvimento científico e tecnológico. Este desempenha um papel crucial na substituição do trabalho vivo pelo trabalho morto, na expectativa de que elevação da capacidade produtiva se torne capaz de atender a todas as necessidades sociais, colocando as sociedades diante da expectativa de poder superar qualquer possibilidade de exploração do trabalho humano.

Desenvolvimento das forças produtivas

É esse caminho de desenvolvimento econômico, social e político que permite à China ter em vista, em 2030, ultrapassar os Estados Unidos em termos de produto interno bruto. E, em 2050, a não ser que ocorra alguma hecatombe mundial, ter elevado suas forças produtivas a um patamar de desenvolvimento que lhe possibilite melhorar as condições de vida e de cultura da maior parte de seu povo, de 1,3 bilhão de pessoas, vislumbrando um nível de vida econômica, social e política muito mais igualitário e elevado do que o atual.

Para tanto, a economia política marxista chinesa tem se dedicado ao estudo não só das perspectivas da economia, da sociedade e da segurança nacional, mas também do meio ambiente e, principalmente, do desenvolvimento científico e tecnológico. De acordo com um relatório estratégico da Academia Chinesa de Ciências, publicado em 2009, o Estado chinês trabalha no sentido de fortalecer os métodos e os instrumentos científicos necessários para desenvolver suas estruturas econômicas e sociais, limpar ecologicamente sua estrutura energética, melhorar o padrão de saúde de sua população, assim como o meio ambiente e a segurança nacional.

Ou seja, empenha-se em desenvolver as disciplinas científicas relacionadas a recursos, energia, população, saúde, informação, segurança, meio ambiente, espaço e oceanos. A pesquisa e o desenvolvimento científico e tecnológico, orientados pela economia política marxista, são direcionados a otimizar a estrutura econômica, desenvolver a indústria, a agricultura, assim como a estrutura energética e os recursos naturais, de modo a construir uma economia reciclável e uma sociedade baseada em conhecimento.

Dizendo de outro modo, tal pesquisa e desenvolvimento têm como característica básica definir a trajetória da China nas áreas prioritárias que lhe permitam substituir, mesmo paulatinamente, o trabalho vivo pelo trabalho morto, e o mercado pela distribuição dos bens produzidos de acordo com as necessidades sociais. O que permitirá que o país defina mais claramente as linhas mestras de uma sociedade que não mais necessite do mercado como instrumento indispensável para o desenvolvimento econômico e social, capacitando-a a realizar revoluções científicas e tecnológicas, ainda mais diversificadas do que as atuais, para construir uma sociedade realmente igualitária.

Uma dessas pesquisas em desenvolvimento refere-se à Internet, que conquistou posição de destaque como um dos mais profundos projetos da história humana. Ela já se tornou uma infraestrutura indispensável na vida diária e nas atividades produtivas. A China se esforça, então, em substituir a Internet existente, com redes "pós-IP", por infraestruturas múltiplas ubíquas, de baixo custo, que possam satisfazer a demanda de toda a sociedade chinesa. Dedica-se, assim, a desenvolver a ciência de rede e os mecanismos de regulação e controle correspondentes, projetando uma arquitetura que dê qualidade e segurança ao serviço. Seus atuais terminais 5G, de rede de baixo custo, devem satisfazer as necessidades de 1,2 bilhões de usuários chineses.

Quanto às matérias primas fundamentais, como aço, metais não ferrosos, resina sintética, borracha, cimento e vidro, a China se confronta com um elevado aumento em seu consumo manufatureiro. Por um lado, ela lidera o mundo no rendimento de muitos desses materiais; por outro, confronta principalmente o fato de que a qualidade e a *performance* dos materiais manufaturados domesticamente ainda são, em geral, baixas.

O consumo doméstico de matérias primas, principalmente de alta *performance*, como o aço de alta qualidade e a resina e a borracha sintéticas, precisa ser atendido por importações. Para complicar, a manufatura desses materiais causa séria poluição ambiental, com a indústria de fabricação de matérias primas ainda sendo a maior produtora de dióxido de carbono nos setores industriais da China.

Além disso, tais setores consomem grande quantidade de energia e de recursos adicionais, a exemplo da indústria de cimento, que consome mais do que 25% do total da produção de carvão da China. Diante disso, a necessidade de desenvolver tecnologias verdes de baixo custo para a produção de matérias primas de alta qualidade, assim como a redução do consumo de energia, recursos e poluição ambiental, tornou-se imperiosa.

Do ponto de vista científico e tecnológico, isso significa realizar uma série de desenvolvimentos, revelando a relação entre a composição química, a estrutura e as propriedades de matérias primas, realizando inovações nas tecnologias de conservação de recursos ambientalmente amigáveis, projetando materiais, princípios e tecnologias de controle técnico, experimentando tecnologias de reciclagem de materiais usados e de reutilização desses materiais, assim como desenvolvendo novas tecnologias de processamento de recursos.

Perspectivas de redução do impacto ambiental

Ainda de acordo com o relatório da Academia Chinesa de Ciências, para reduzir o impacto ambiental da indústria, principalmente das indústrias processadoras, por seu alto consumo de recursos naturais e de energia, a China tem focado o desenvolvimento de tecnologias de produção mais limpas, capazes de controlar efetivamente as fontes poluentes e estabelecer um sistema de engenharia de processo verde para a utilização de recursos de alta eficiência, mais limpos e recicláveis.

Nesse sentido, as questões prioritárias do sistema chinês de engenharia para obter um processo verde de alta eficiência, mais limpo e de reciclagem na utilização, compreendem, pelo menos: a realização de inovações nas tecnologias-chave da engenharia de processos verdes; o desenvolvimento de novas técnicas, processos, equipamentos e tecnologias integradas; a introdução de novos métodos para projetos de produtos ecológicos de taxação do ciclo de vida; a inovação na reciclagem de recursos; o monitoramento do ambiente na desmontagem e reciclagem de produtos; o uso de tecnologias de baixo custo para a separação e recomposição do CO_2; e sistemas de projetos ecoindustriais.

Com tudo isso, a economia política marxista chinesa procura fazer com que, até 2050, a China amplie consideravelmente os sistemas de utilização eficiente de recursos secundários, estabelecendo um sistema de engenharia de processo verde, elevando o controle da poluição ambiental e da utilização reciclável de recursos. Em termos gerais, ela acredita que, com a maturidade de tecnologias, como a rede industrial sem fio, a rede de sensores, a identificação por frequência de rádio, e o sistema mecânico microeletrônico, a capacidade do ser humano para controlar e usar informação se expandirá muito. Tais tecnologias já estão dando surgimento à era da "manufatura da informação onipresente" – uma nova geração de tecnologias de manufatura informatizada, com base em sensores onipresentes e tecnologias de automação, com informação ubíqua como sua principal força.

O desenvolvimento dessa nova geração de tecnologias de automação e manufatura, representadas por novos tipos de sensores, deve fazer com que os problemas-chave a serem resolvidos nas manufaturas, informatizadas com novos sensores, sejam: tecnologia de orientação das necessidades do sistema manufatureiro; modelo de aquisição e processamento da informação manufatureira; método e tecnologia de informação manufatureira massiva; fusão de informação multifonte e multimídia; compreensão e processamento eficiente de informação manufatureira; novo modelo de manufatura e plataforma tecnológica na construção de ambiente para prover a indústria manufatureira com rede de conhecimento sistematizado.

Desse modo, a economia política marxista chinesa acredita que precisará de pelo menos mais de uma década de esforços para obter inovações em aplicações e tecnologias, habilitando a indústria manufatureira a aumentar sua eficiência produtiva, inclusive nas ciências da vida, cujos resultados poderão ser aplicados na detecção biológica, no cultivo de melhores estirpes culturais ou variedades de criação, na descoberta de novas drogas medicinais e prevenção de doenças etc.

Como estratégia maior para intensificar a qualidade e a quantidade de espécies de animais e plantas, o melhoramento genético está agora sofrendo uma transição da reprodução convencional para a reprodução por projeto molecular. Centrado na tecnologia transgênica, o projeto molecular de novas variedades tem se tornado estrategicamente significante na competição internacional.

Em virtude disso, em anos recentes, a produtividade da reprodução convencional na China entrou em declínio, o que ameaça o desenvolvimento conjunto de sua agricultura. Assim, tornou-se fundamental identificar grande número de genes valiosos em reprodução prática e elevar significativamente a capacidade de inovação do país nesse assunto, especialmente para importantes colheitas, como arroz e trigo. Trata-se de estabelecer um sistema técnico de reprodução, aplicação e extensão do projeto molecular; realizar projeto de melhoria de características essenciais, principalmente de importantes espécies animais, tais como suínos, bovinos e ovelhas; e realizar pesquisas de projetos moleculares sobre o nível das espécies.

A respeito da redução da possibilidade de encontrar novos depósitos de ferro, que estejam sobre ou perto da superfície do solo, a previsão de recursos minerais profundamente incrustados ou localizados em áreas altamente onerosas tem se tornado uma nova direção da prospecção futura. A maior parte dos grandes ou supergrandes depósitos de ferro conhecidos do mundo estendem-se profundamente no subsolo. Algumas potências produtoras de minérios são hábeis na realização de exploração em profundidades de 2500 a 4000 m.

Atualmente, os principais problemas de prospecção da China incluem a ausência de estudos prognósticos tratando dos depósitos de ferro sepultados e a falta de tecnologias e metodologias para determinar precisamente a localização de depósitos de ferro profundamente ocultos. Como resultado, as profundidades de exploração de muitos de seus depósitos atuais de ferro estão a menos de 500 m.

Julgando pelos recursos minerais demandados por sua modernização, a China deve implementar o "Programa Subsolo Transparente a 4.000 m", de modo a desenvolver sistematicamente a pesquisa sobre as teorias de prospecção mineral e métodos técnicos, aumentando suas reservas de recursos minerais domésticos.

Em busca da energia renovável e nuclear

Há expectativa de que novos tipos de energia renovável aumentem gradualmente sua participação no futuro portfólio energético. Correntemente, os principais gargalos que limitam a utilização da energia renovável são o alto custo, a discreta capacidade instalada, a distribuição irregular de recursos, a pequena escala e a operação instável. Para solucionar esses problemas é previsível construir fazendas eólicas (de nível MW ou mesmo GW) e plantas geradoras de energia solar, localizar sistemas de distribuição próximos dos locais da demanda e desenvolver bases de utilização que integrem energias solar, eólica e de biomassa.

Os problemas-chave de C&T no estabelecimento de um novo sistema de energia renovável incluem, na energia fotovoltaica, prioridade de P&D sobre células solares com base de silicone de alta eficiência, novos tipos de células solares de baixo custo, novo conceito de células e materiais relacionados. Na energia térmica solar o foco está voltado para inovações tecnológicas no sistema de torres de energia solar, parabólicas de alta temperatura por meio de tubos a vácuo, e sistemas Sterling de plantas de discos solares.

Na energia eólica, a China busca realizar inovações nos controladores eletrônicos para turbinas eólicas de nível MW em sua comercialização. Para a energia do hidrogênio, as inovações tecnológicas essenciais residem em alta eficiência, baixo custo na produção do hidrogênio, alto volume de estocagem do hidrogênio e células combustíveis. Para o desenvolvimento do sistema de energia renovável, a China busca realizar avanços em tecnologias para o acoplamento da grade de conexão de energia renovável e para a geração de energia distribuída, tendo por base o estoque de energia avançada e as microgrades.

Por volta de 2050, a China espera ter desenvolvido a geração de energia em larga escala, construído um projeto de sistemas de microgrades de energia renovável, ter dado partida à operação comercial inteligente de microgrades e estabelecido um sistema de comercialização de eletricidade baseado regionalmente em microgrades e operações de rede conectadas em larga escala. Para isso, ela deve obter avanços significativos nas tecnologias-chave e na comercialização da tecnologia de energia elétrica geotérmica profunda, fazendo com que a capacidade dessa tecnologia tenha alcançado de 5% a 10% da capacidade energética do país.

Quanto à energia nuclear, a primeira usina de fissão nuclear chinesa iniciou sua operação nos anos 1950, quando a antiga União Soviética construiu uma usina de teste de 5 MW, e os Estados Unidos construíram uma de 90 MW. No final dos anos 1960 e início dos anos 1970, foram introduzidas diferentes configurações nas novas usinas nucleares, com reatores trabalhando sob pressão hidráulica, água fervente e água pesada, com capacidade instalada acima de 300 MW.

O novo tipo de usina energética de fissão tem maior segurança, melhor competitividade econômica e nenhuma tecnologia de proliferação nuclear, representando a nova direção do desenvolvimento. Em 2001, dirigidos pelos Estados Unidos, 10 países estabeleceram o "Fórum Internacional de Energia Nuclear G-IV" (ITER). Em 2007, 19 países, incluindo a China, estabeleceram o Plano do Grupo de Ação de "Parceria Global na Direção da Energia Nuclear", de modo a desenvolver, em conjunto, uma usina de fissão G-IV e colocá-la em operação por volta de 2030.

Já a fusão nuclear refere-se a uma fonte potencial de energia segura, inextinguível e ambientalmente amiga. A pesquisa da fusão teve início a uns 50 anos atrás e, desde então, tem feito progressos significativos. A dificuldade reside em produzir gás de hidrogênio, sob 100 milhões de graus Celsius, para sustentar a fusão de forma controlada. Após mais de 30 anos de pesquisa e desenvolvimento, a China ingressou na construção e na operação, com sucesso, do EAST, o primeiro supercondutor mundial completo. Em 2006, ela juntou-se ao projeto ITER, combinando-o ao programa doméstico e iniciando um plano de dominar a tecnologia para a utilização de usina de energia de fusão.

Perigos envolvidos no socialismo de mercado

É lógico que a necessidade de adotar o mercado como fonte de inovação e desenvolvimento científico e tecnológico das forças produtivas também introduziu perigos, aparentemente não entroncados à economia real e desconectados da economia política, a exemplo da corrupção. No sistema capitalista – da mesma forma que nos sistemas feudal e escravista, historicamente anteriores – a corrupção fez parte natural do processo concorrencial, embora a legislação procurasse mantê-la, na maior parte sem sucesso, fora das relações institucionais do Estado, tenha sido ele escravista, feudal ou burguês.

Porém, no sistema de construção e transição socialista, em que o Estado tem que se envolver diretamente no processo produtivo e distributivo, a corrupção tende a se tornar o principal perigo para o desenvolvimento socialista. Como alertou Deng Xiaoping, um dos principais autores da economia política de socialismo de mercado chinês, a corrupção tende a desmoralizar parte ou todo o aparato de Estado e a criar condições políticas para mudar o socialismo de mercado num sistema puramente capitalista.

Não por acaso, desde então, o desenvolvimento econômico e social chinês tem sido acompanhado de uma luta política e social intensa contra tal perigo, tendo por base uma legislação, constantemente reforçada, e medidas práticas, políticas, policiais e judiciais, que coíbem a prática da corrupção. Essa luta tem atingido desde altos funcionários, a exemplo de Bo Xilai, então governador de uma província, e Zhou Yongkang, então ministro da segurança pública, assim como funcionários de diversos escalões do Partido Comunista e do Estado chinês.

Além disso, o debate sobre o combate à corrupção, e sobre a legislação contra outras transgressões econômicas e sociais ainda presentes na sociedade chinesa, a exemplo da poluição do ar e da violência doméstica, tornou-se parte constante na sociedade, no governo e no legislativo chinês. Os funcionários públicos são instados a obedecer às leis, limitar os gastos públicos, melhorar a administração dos ativos e recursos públicos, monitorar com firmeza os investimentos externos e construir uma governança honesta, abstendo-se de abusar do poder.

Ou seja, todo o processo se destina a fortalecer a credibilidade do Estado, sem a qual não é possível supor a transição para uma sociedade de tipo superior. Nessas condições, as medidas de combate à pirataria, à lavagem de dinheiro, e à apropriação de recursos públicos, assim como de incentivo aos trabalhadores e punição aos preguiçosos e "parasitas", destinam-se a dar maior credibilidade e firmeza ao ambiente de negócios do país e ao caminho socialista.

Por exemplo, o Banco Central chinês montou um sistema de monitoramento do fluxo de capitais e um centro de análise de casos suspeitos e editou vários regulamentos de combate aos crimes de lavagem de dinheiro, principalmente nos setores de seguros e de mercados futuros. Mesmo antes de serem transformados em lei (janeiro de 2007), tais regulamentos induziram, no final de 2005, todos os bancos comerciais do país, 90% das cooperativas de crédito urbano, os bancos estrangeiros, e 50% das associações de crédito rurais, a acessarem o sistema de monitoramento e o centro de análise. O que resultou na descoberta de 683 casos suspeitos, envolvendo 137,8 bilhões de yuans (17,2 bilhões de dólares) e mais de 1 bilhão de dólares em depósitos.

Assim, o acelerado crescimento econômico da China transformou muitos funcionários governamentais, incluindo executivos de suas companhias estatais, em apropriadores ilegais de dinheiro público e em executores de esquemas de extorsão de dinheiro de empresários privados. Segundo estimativas, no final de 2003, entre os suspeitos de cometer crimes econômicos, mais de 500 eram funcionários públicos, a maioria tendo fugido para o exterior, com um total de 70 bilhões de yuans (8,4 bilhões dólares) de fundos ilegais.

Nesse mesmo período o Parlamento chinês deu andamento à ratificação de uma convenção com as Nações Unidas para o combate à corrupção. Assinada em 2003, ela criou meios de repatriamento de criminosos e corruptos em fuga para outros países, contendo mecanismos para a recuperação de ativos transferidos ilegalmente. Portanto, o governo chinês trabalhou para contar com uma base legal, nacional e internacional, para resolver as dificuldades na investigação e na captura de corruptos no exterior.

Com tal base, a extradição de suspeitos de corrupção e a recuperação de ativos desviados para outros países permitiram à China não só capturar inúmeros suspeitos de tais crimes, mas também recuperar parte substancial dos recursos roubados. Um dos casos mais emblemáticos desse processo ocorreu em 2004, quando 483 milhões de dólares de uma agência do Banco da China, na Província de Guangdong, foram apropriados por funcionários, associados ao banqueiro Yu Zhendong, que fugiram para os Estados Unidos. Com o auxílio da convenção assinada com as Nações Unidas, os Estados Unidos prenderam e repatriaram não só os valores roubados, mas também os criminosos.

Em outras palavras, a experiência do socialismo de mercado chinês está demonstrando que, nesses casos, a economia política marxista se vê assediada tanto por problemas relacionados com o baixo desenvolvimento capitalista quanto por problemas sociais e políticos inerentes à natureza capitalista geral. Ou seja, para realizar a transição de um capitalismo atrasado, ou pouco desenvolvido, para um processo de desenvolvimento socialista, aquela teoria econômica marxista se vê compelida a trabalhar num caminho coalhado de armadilhas.

Seus membros se veem obrigados a travar combates não só a respeito de quais revoluções científicas, técnicas, sociais e políticas devem empreender para que o desenvolvimento das forças produtivas e das relações de produção se eleve, mas também a dedicar-se a combates permanentes contra as tendências ideológicas, políticas e sociais corruptoras, presentes no sistema de mercado desde que este surgiu na história.

A teoria econômica e política marxista chinesa mostra que o desenvolvimento de seu país, para efetivar-se, deve articular, de forma coordenada, um conjunto de processos, tanto de industrialização e desenvolvimento científico e tecnológico das diferentes áreas da economia e da sociedade quanto de ordenamento jurídico, político e social, tendo por fundamento seus milhões de comitês populares de bairro, suas assembleias de funcionários das empresas estatais, suas assembleias populares de distritos, cidades e províncias, seu Conselho Consultivo multipartidário nacional, e sua Assembleia Popular Nacional.

Por exemplo, para evitar fraudes e combater as tendências à vagabundagem, o sistema de seguro-desemprego exige que os trabalhadores despedidos, para receber tal seguro, participem de cursos de reciclagem profissional e/ou de atividades comunitárias promovidas pelos comitês populares de base. O mesmo ocorre nas áreas rurais em que é distribuída uma renda básica para a manutenção de famílias sem trabalho.

Ou seja, por um lado, a economia política marxista induz um desenvolvimento social e político democrático, disseminador da igualdade na distribuição da renda e na prosperidade de todos os membros da sociedade; por outro, ela se empenha num combate sério aos perigos, às vezes aparentemente pontuais e secundários, de problemas sociais e políticos de grande impacto desmoralizador, a exemplo da corrupção, principalmente se forem praticados por agentes sociais e políticos que se proclamam "socialistas".

Em termos gerais, são as batalhas e as perspectivas descritas anteriormente que nos levam a crer que valha a pena acompanhar com atenção o processo de desenvolvimento do socialismo de mercado chinês, de modo a comprovar se a economia política marxista tem, realmente, a base científica que proclama ter.

4
Crise de hegemonia e rivalidade EUA-China

Bruno Hendler

Dois processos têm moldado o mundo pós-11 de setembro de 2001 e pós-crise financeira de 2008: a crise terminal da hegemonia dos Estados Unidos e a ascensão da China à condição de grande potência. Diante disso, é possível afirmar que a China em 2020 está em uma posição semelhante à dos Estados Unidos em 1945? Que elementos comprovam ou refutam a hipótese de que a China está no caminho de reorganizar o sistema internacional nos moldes do que os norte-americanos fizeram ao final da Segunda Guerra Mundial?

A proposta deste texto é analisar os pilares que sedimentaram a plena expansão da hegemonia mundial dos EUA no pós-guerra (1945) e compará-los com o que a China tem protagonizado desde o final da década de 2000. Longe de apontar para uma transição hegemônica completa, nos moldes das transições do passado, o exercício aqui se limita a examinar indicadores da economia política internacional para testar a hipótese de que a China, hoje, assim como os EUA na referida data, é o país que reorganiza e dita os rumos do mundo ou que, no mínimo, equivale-se aos EUA nesta função.

Duas são as premissas deste trabalho: a primeira é que há, de fato, uma transição entre ciclos sistêmicos de acumulação, do norte-americano para o chinês;[1] e a segunda é que este processo não culmina, necessariamente, em uma transição de hegemonias, mas em um cenário de acirramento de rivalidades entre a hegemonia em crise terminal e a potência emergente. Assim, por mais que não haja espaço para a China assumir o posto de hegemonia mundial, a sua projeção internacional pode ser análoga à projeção norte-americana no imediato pós-Segunda Guerra Mundial. E é precisamente esta analogia, bem como seus possíveis desencaixes, que nos interessa aqui.

Os ciclos sistêmicos de acumulação e as hegemonias mundiais

Arrighi utiliza o termo "longo século" como a moldura temporal para as três fases de vida das hegemonias do sistema-mundo moderno, que, somadas, duram mais do que exatos cem anos.[2] De acordo com o esquema da Figura 1, os três períodos são: "fase 1", ou de ascensão; "fase 2", ou de plena expansão; e "fase 3", de declínio ou de eventual superação dos agentes e das estruturas de um ciclo sistêmico

---

[1] Cf. ARRIGHI, Giovanni. *O longo século XX: dinheiro, poder e as origens de nosso tempo*; ARRIGHI, Giovanni. *Adam Smith em Pequim: origens e fundamentos do século XXI*.

[2] Cf. HENDLER, Bruno. "Ônus e bônus da Guerra ao Terror: custos para os EUA e ganhos relativos da China em tempos de mudança no sistema-mundo moderno".

de acumulação.[3] É importante ressaltar que há sobreposição dos "longos séculos" durante as transições, isto é, o período de declínio (depressão e expansão financeira – DD') de um "complexo de ponta"[4] é também o início da expansão material (DM')[5] de um novo modelo, que torna obsoleto o anterior ao trazer inovações no mundo empresarial, governamental e na dinâmica de classes sociais.[6]

Figura 1 - Ciclo de transições hegemônicas

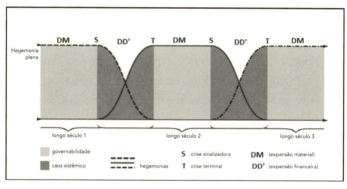

Fonte: HENDLER, 2013.

---

[3] Cf. ARRIGHI, Giovanni. *O longo século XX: dinheiro, poder e as origens de nosso tempo*, p. 218-219.

[4] Arrighi toma emprestada a expressão "complexo de ponta" de Michael Mann para identificar o centro de acumulação de poder e riqueza de determinada época. Assim, afasta a ideia de que uma hegemonia é necessariamente um Estado nacional moderno, podendo ser um Estado protonacional, não territorialista, como as Províncias Unidas, ou um Estado multinacional, como o Reino Unido.

[5] Expansão material e expansão financeira.

[6] Cf. ARRIGHI, Giovanni; SILVER, Beverly J. *Caos e governabilidade no moderno sistema mundial*. Rio de Janeiro: Contraponto; Editora UFRJ, 2001.

A era de ouro do capitalismo (1945-1973) foi marcada pelo auge/plena expansão da hegemonia dos EUA. Desde então, o sistema-mundo entrou no período de caos sistêmico com o declínio do poder norte-americano em duas etapas. Primeiro com a crise sinalizadora dos anos 1970, marcada pela derrota na Guerra do Vietnã, pela crise do padrão ouro-dólar, pela rivalidade econômica com o Japão e a Alemanha Ocidental e pela crise moral do suposto líder do "mundo livre" – que tinha suas feridas sociais expostas por movimentos feministas, negros e pacifistas.[7]

Em segundo lugar, apesar da efêmera retomada nos anos 1980 e 1990, o poder americano encontrou sua crise terminal a partir de 2001. Isso decorreu do atoleiro da Guerra do Iraque, iniciada em 2003 (ou da famigerada Guerra ao Terror de George W. Bush); da crise financeira de 2008, gerada por excesso de crédito das famílias, desregulação do mercado financeiro e endividamento público para além de 100% do PIB; pela nova crise moral do "modelo de vida americano", que expôs tanto o fracasso humanitário para lidar com os danos do Furacão Katrina (2005) quanto o fracasso político e diplomático diante das violações de direitos humanos em nome da segurança nacional (Abu-Ghraib, Guantánamo, Ato Patriota e o [des]governo de transição no Iraque que culminou no surgimento do Estado Islâmico); e, por fim, o declínio econômico relativo diante da ascensão da Ásia, que, já nos anos 2000, tinha na China o seu principal motor de crescimento.

É neste contexto de crise terminal da hegemonia dos EUA que a China emerge, também em duas etapas. Primeiro, de forma "associada" aos EUA, tanto na economia (pela

---

[7] Cf. WALLERSTEIN, Immanuel. *The decline of American power: The U.S. in a Chaotic World.*

dependência das exportações ao mercado norte-americano e dos investimentos de suas empresas transnacionais) quanto na geopolítica (pela aproximação Nixon-Mao, que isolou a URSS e conferiu legitimidade internacional à República Popular da China). Segundo, e aqui está nosso objeto de estudo, pela ascensão desassociada (ou autônoma) da China. Em termos diplomáticos, o país descolou-se dos EUA já em 1989, por conta da repressão aos estudantes na Praça da Paz Celestial, mas em termos econômicos a desacoplagem ganhou forma apenas após a crise de 2008.

Assim, pretende-se colocar a projeção internacional da China no século XXI como um "espelho" da projeção dos EUA nas décadas do pós-guerra, dando ênfase a aspectos de economia política internacional. E a hipótese a ser comprovada ou refutada é que a China exerce um papel de reorganização sistêmica semelhante ao exercido pelos EUA neste período. Portanto, trata-se de um processo em aberto, não encerrado, de forma que nossa proposta é captar tendências e movimentos lastreados no passado que tenham alguma projeção no futuro.

Os indicadores

Em 1945, o Produto Interno Bruto (PIB) dos EUA correspondia a 50% do mundo; em 2020, o PIB da China corresponde a 15%. É possível aferir que a China tem papel semelhante ao dos EUA, dada essa discrepância? Ainda mais levando em conta que o PIB dos EUA, em 2020, corresponde a 23% do mundo, sendo, portanto, maior que o da China hoje.[8] Quatro são os indicadores

---

[8] Cf. SILVER, Caleb. "The Top 25 Economies in the World".

que nos ajudam a responder essa questão: a condição de emissor de investimento externo direto (*Outward Foreign Direct Investment* – OFDI); a competitividade de marcas globais; a centralidade da moeda no sistema financeiro internacional; e a capacidade de o mercado doméstico absorver a produção mundial e, por conseguinte, puxar o crescimento econômico global por meio das importações.

A exportação de capital é um indicativo importante da maturidade econômica de um país que ascende no plano internacional. Embora não seja condição suficiente, foi um fator necessário, isto é, esteve presente na fase de ascensão de todas as hegemonias mundiais do sistema-mundo moderno (Espanha, Holanda, Inglaterra e Estados Unidos). No caso dos EUA, a formação territorial do país (a expansão para o Oeste) no século XIX foi simultânea a uma gradual exportação de capitais para o exterior. O auge deste processo se deu após a vitória na Guerra Hispano-Americana, em 1898, e abriu caminho para a projeção do imperialismo dos EUA em três frentes[9]: a América Central e a transformação do Caribe em um "Mediterrâneo norte-americano", por meio de ações diplomáticas e intervenções militares; a América do Sul, onde enfrentou certa concorrência econômica da Inglaterra, respondendo à altura com a Doutrina Monroe e as aproximações diplomáticas com países-chave, como o Brasil; e a Ásia Oriental e o Pacífico, anexando ilhas estratégicas (Wake, Guam, Havaí e Filipinas) e usando-as como "trampolim" para o mercado chinês.

Usando a "diplomacia dos dólares" Taft e Wilson encorajaram bancos americanos a conceder empréstimos

---

[9] Cf. DÖPCKE, Wolfgang. "Apogeu e colapso do sistema internacional europeu (1871-1918)", p. 106.

a muitos países das Américas, fortalecendo o controle econômico nas mãos dos Estados Unidos. Esses presidentes continuaram a política de Theodore Roosevelt de expandir o capitalismo dos EUA e tentar impor a cultura norte-americana nos países subjugados.[10]

Esse processo foi ampliado após 1945. A assimetria de poder e riqueza concentrada nos EUA conferiu-lhe a oportunidade de reorganizar o sistema-mundo no pós-guerra e a projeção de capital norte-americano ganhou abrangência global. A economia dos EUA, que correspondia à metade do PIB mundial, também passou a responder por cerca de metade das exportações de capital do mundo (passando de 15%, em 1913, para quase 50%, em 1960).

Gráfico 1 - IED EUA/Resto do mundo

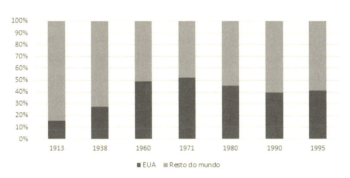

Fonte: TWOMEY, 2002, p. 33.

A ideia de Franklin D. Roosevelt, incorporada na Doutrina Truman, consistia em promover um New Deal

---

[10] KARNAL, Leandro. *História dos Estados Unidos: das origens ao século XXI*, p. 193.

mundial,[11] dada a impossibilidade de o capitalismo norte-americano se expandir em um mundo caótico de países destruídos pela guerra, protecionistas e carentes de liquidez. Para evitar o excesso de oferta e a especulação que causaram a crise de 1929, as empresas e o governo dos EUA precisavam buscar novas formas de reprodução do capital. Assim, o período de 1945 a 1970, que ficou conhecido como a "era de ouro do capitalismo",[12] marcou o investimento maciço do capital excedente das corporações dos EUA no comércio e na produção de mercadorias via Investimento Externo Direto (IED). Ademais, a forma de aplicação de IED no pós-guerra era relativamente nova: deixara de ser voltada para agricultura e mineração em regiões periféricas para buscar a construção de fábricas nos países europeus e no Japão.[13]

Diante disso, cabe aqui a pergunta: o que há de análogo e de diferente entre o processo descrito anteriormente e o IED exportado pela China desde meados dos anos 2000? E a resposta é: (i) a China, de fato, torna-se um *player* de relevância ao promover a sistemática acumulação de seu capital no exterior, assemelhando-se aos EUA no século XX; (ii) o movimento chinês é mais variado em termos de setores e de regiões-alvo; (iii) apesar disso, a China tem um

---

[11] ARRIGHI, Giovanni. *O longo século XX: dinheiro, poder e as origens de nosso tempo*, p. 285.

[12] Cf. HOBSBAWM, Eric. *Era dos Extremos: o breve século XX*.

[13] Cf. FRIEDEN, Jeffry A. *Capitalismo global: história econômica e política do século XX*, p. 315. Em 1938, dois terços de todos os investimentos internacionais diretos de origem norte-americana destinavam-se às regiões pobres. As empresas norte-americanas haviam investido três vezes mais na América Latina do que na Europa. Já na década de 1960, as empresas norte-americanas começaram a investir três vezes mais na Europa e no Japão do que na América Latina (Cf. *idem*, p. 315).

peso global menor se comparada aos EUA do pós-guerra, sendo mais semelhante à fase de expansão regional dos norte-americanos na primeira metade do século XX.

No caso dos EUA, o IED durante a expansão regional (focado na América Latina até 1945) esteve voltado para o setor primário. Somente depois da guerra (na plena expansão hegemônica) é que a reciclagem de capital se voltou para regiões mais desenvolvidas (Europa e Japão) e para o setor industrial e de serviços – isso porque o Terceiro Mundo vivia processos de descolonização e lutas por independência que, entre outras coisas, promoveram a nacionalização de companhias estrangeiras.[14] No caso da China, a tendência é de maior dispersão geográfica e maior variedade de setores envolvidos.

O Gráfico 2 apresenta os destinos do capital chinês desde 2005, em que nota-se uma dispersão mais equilibrada do que a dos EUA em sua fase de ascensão hegemônica.

Gráfico 2 - IED da China por região-alvo (US$ Bi)

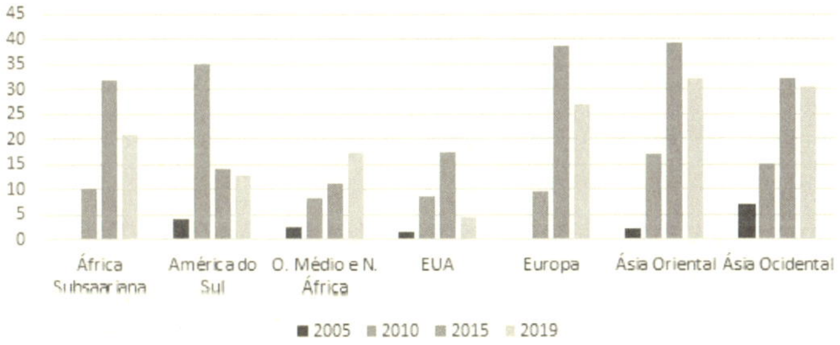

Fonte: The China Global Investment Tracker, American Enterprise Institute (AEI).

---

[14] Cf. JONES, Geoffrey. "Multinationals from the 1930s to the 1980s", p. 90.

Logo, em sua fase de ascensão à grande potência (hegemônica ou não), a China apresenta o fenômeno de exportação de capitais, assim como os EUA em sua fase homóloga. Porém, duas ponderações são necessárias. Primeiro, não há prevalência de um setor ou de uma região no caso chinês, isto é, o IED chega a todas as partes do mundo, com valores expressivos e em atividades econômicas variadas. Dentre elas, destacam-se setores de energia e transportes, mas agricultura, mineração, tecnologia, finanças e imóveis também têm números expressivos (Gráfico 3).

**Gráfico 3 - IED da China
por setor (2005-2020) (US$ Bi)**

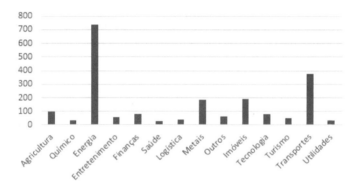

Fonte: The China Global Investment Tracker, American Enterprise Institute (AEI).

Em segundo lugar, o caminho de ascensão da China é muito mais tortuoso, porque, apesar das crises econômicas nos EUA (2008) e na União Europeia (2011), o contexto mundial não é de pós-guerra, e os países desenvolvidos mantêm um peso relevante na economia mundial. Isso se reflete nos dados do Gráfico 4, que mostra como o peso do

IED chinês sobre o mundial não passou de 16%, o que se assemelha aos EUA de 1913, não aos de 1945.

Gráfico 4 - Exportação (fluxo) de IED China/Resto do mundo (US$ Bi e %)

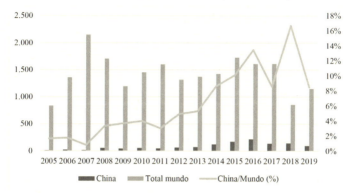

Fonte: OECD, s.d.

O Gráfico 5 apresenta os fluxos anuais dos principais exportadores de capital e mostra como a China é apenas um entre os principais *players* globais.

Gráfico 5 - Fluxo de investimento externo direto para o exterior (US$ Bi)

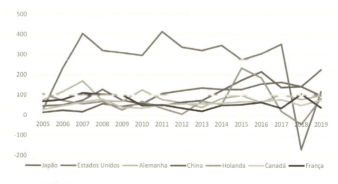

Fonte: OECD, s.d.

Já o Gráfico 6 mostra, em porcentagem, como a exportação de capital norte-americano (média de 16%) ainda foi muito maior do que o chinês na última década e meia (média de 6%), apesar da brusca queda daquele em 2018 e da gradual ascensão deste.

Gráfico 6 - Fluxo de investimento externo direto para o exterior (% mundial)

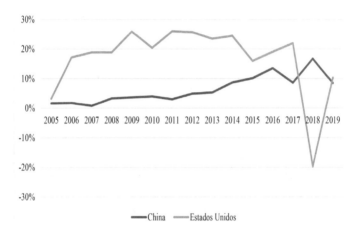

Fonte: OECD, s.d.

Se compararmos o acumulado de IED dos EUA e da China, a diferença entre ambos em favor do primeiro é ainda maior. Em termos de porcentagem mundial, o acumulado de IED norte-americano girou em torno de 20-25% na última década, enquanto o chinês teve um crescimento constante, mas ficou entre 2-6% no mesmo período.

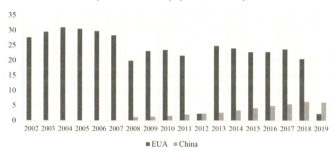

Gráfico 7 - Acumulado de IED para o exterior: (OFDI stocks) (% mundial)

Fonte: OECD, s.d.

Um segundo indicador importante é o de marcas globais. Embora grandes corporações já estivessem consolidadas em alguns mercados domésticos na primeira metade do século XX, foi no pós-guerra que muitas delas se tornaram, de fato, globais. A exportação de capitais traduziu-se na difusão de marcas que reproduziam o *way of life* norte-americano em setores de hotelaria, *fast-food*, entretenimento, roupas, automobilístico, bancos, seguros, eletrônica etc.[15] Da Coca-Cola, McDonald's e Cargill, passando por Ford e GM até chegar a IBM e Citibank, é possível afirmar que a maioria das marcas globais nas décadas do pós-guerra era de origem norte-americana e que elas carregavam consigo um conjunto de valores e sensações que moldaram comportamentos e criaram uma imagem positiva dos EUA mundo afora.[16]

---

[15] Cf. JONES, Geoffrey. "Multinationals from the 1930s to the 1980s", p. 93-95.

[16] Cf. FRIEDEN, Jeffry A. *Capitalismo global: história econômica e política do século XX.*

Já nos anos 1970, as taxas de lucro dessas empresas começaram a cair por conta do aumento da concorrência europeia e japonesa, mas o que nos interessa aqui é questionar se as marcas globais chinesas fazem, atualmente, algo semelhante ao que as marcas dos EUA fizeram no pós-guerra. E a resposta é que, de fato, as marcas chinesas já ultrapassaram as norte-americanas e tendem a aumentar essa vantagem. A Tabela 1 apresenta a evolução no número de empresas entre as 500 maiores do mundo por país, entre 1995 e 2020.

Tabela 1 - Número de empresas na Fortune 500

	1995	2020
EUA	145	121
China	2	124

Fonte: Fortune, s.d.

Os dois indicadores são reveladores: tanto o declínio no número de empresas dos EUA (de 145 para 121) quanto o salto no número de empresas chinesas, de dois para 124. Já a Tabela 2 apresenta a lista das 500 maiores empresas de acordo com o setor.

Tabela 2 - Fortune 500 (por setor)

	EUA	China
Tecnologia	10	5
Telecom	4	3

	EUA	China
Energia	12	10
Saúde	16	3
Transporte	6	3
Vestuário	1	0
Comida, bebida e tabaco	8	0
Setor Financeiro	27	27
Aeroespaço e defesa	5	6
Engenharia e Construção	0	9
Indústria	6	7
Química	1	2
Materiais (matéria-prima e transformação)	0	15
Automobilístico	2	7
Setor Atacadista	4	10

Fonte: Fortune, s.d.

Esses números mostram como a China ultrapassou os EUA em setores cruciais, como aeroespaço e defesa, engenharia e construção, química e automobilístico. Porém, também mostra como outras áreas estratégicas, como tecnologia, telecomunicações, energia e saúde, continuam com maioria norte-americana. De todo modo, depreende-se que a construção de marcas globais tem se tornado um caminho importante para a ascensão econômica da China, embora suas empresas ainda tenham um longo percurso para difundir, entre consumidores estrangeiros, valores e sensações que moldem comportamentos e criem uma imagem positiva da China mundo afora.

Um terceiro indicador importante para este estudo é o papel da moeda nacional. Karl Polanyi demonstra que o dólar americano emergiu como moeda de referência mundial no pós-guerra em decorrência do esfacelamento da ordem mundial inglesa, que tinha no padrão ouro-libra um de seus pilares.[17] Para ele, os anos 1920 foram de destruição de tudo que ainda permanecia do século XIX: o equilíbrio de poder entre potências, o mercado autorregulável, o Estado liberal e, por fim, o padrão ouro-libra. Quando este foi abandonado até mesmo pela Inglaterra em 1931, a qual foi seguida por EUA, França, Bélgica e Itália, a ordem mundial oitocentista havia, de fato, se encerrado. Em seu lugar foi costurado, no pós-guerra, um novo arranjo monetário internacional, centrado na moeda norte-americana, o padrão ouro-dólar.

Metri afirma que a transição libra-dólar começou já em 1919, quando as reparações de guerra impostas à Alemanha passaram a ser cobradas em ouro e na moeda norte-americana. Em 1923 as autoridades germânicas criaram os cupons-dólares, que eram "pequenas emissões lastreadas na única moeda em circulação internacional com conversibilidade em ouro".[18] Porém, a Segunda Guerra Mundial foi o catalisador da centralidade mundial do dólar – processo que ocorreu na sequência de três movimentos dos EUA.

---

[17] Cf. POLANYI, Karl. *A grande transformação: as origens da nossa época.*
[18] METRI, Maurício. "A ascensão do dólar e a resistência da libra: uma disputa político-diplomática", p. 73.

Primeiro, com os empréstimos (*lend-lease*) para os aliados (principalmente Inglaterra e França), que compravam suprimentos e armas em troca de ouro e/ou dólar (*cash-and-carry*). Segundo, com a vinculação do dólar à produção de petróleo. Isto é, a dívida da Inglaterra com os EUA foi parcialmente "paga" com o acesso privilegiado às suas colônias no Oriente Médio, incorporando a Arábia Saudita ao território monetário do dólar.[19]

Por fim, o terceiro e mais conhecido movimento foi a criação de mecanismos de regulação econômica internacional em Bretton-Woods – entre eles a vinculação do dólar ao ouro e de todas as outras moedas ao dólar. Isto foi possível porque tanto a reconstrução da Europa e do Japão no pós-guerra (pelo Banco Internacional de Reconstrução e Desenvolvimento, o BIRD) quanto a criação do Fundo Monetário Internacional (FMI) ocorreram majoritariamente com financiamento norte-americano, em dólares, no que viria a ser conhecido como Plano Marshall. Ademais, definiu-se que os aportes de outros países deveriam ser feitos também em dólar ou em ouro. Com isso, os norte-americanos garantiram que o voto nessas instituições acompanhasse a proporção das contribuições, garantindo 35% do total no BIRD e 30% do total no FMI.

Novamente retomamos a questão: o que há de diferente e de análogo à China de hoje? Em primeiro lugar, o contexto é diferente. O dólar emergiu como moeda de referência global *após* o colapso do padrão ouro-libra. Já o Remimbi (RMB) chinês surge em um mundo ainda

---

[19] Cf. *idem*, p. 85-86.

dominado pela centralidade do dólar e pontuado por outras moedas relevantes, como o euro, o iene e a libra-esterlina.

A Tabela 3 apresenta o fluxo médio diário e a porcentagem das principais moedas comercializadas nos mercados cambiais.

Tabela 3 - Moedas mais comercializadas do mundo

		% das transações[20]	Fluxo médio diário US$ Bi
1	US dollar	87.62	4458
2	European Euro	31.27	1591
3	Japanese yen	21.56	1097
4	Pound sterling	12.78	650
5	Australian dollar	6.94	353
6	Canadian dollar	5.13	261
7	Swissfranc	4.78	243
8	Chinese Yuan Renminbi	3.97	202

Fonte: Countries of the World, s.d.

Não obstante, a internacionalização do RMB é notável. Sohn sugere dois momentos cruciais deste processo.[21] O primeiro ocorreu no começo dos anos 2000, quando a China passou a usar sua moeda como meio de troca no comércio

---

[20] A porcentagem total chega a 200% porque cada transação envolve dois países e, portanto, duas moedas.

[21] Cf. SOHN, Injoo. "China's Monetary Ambitions: RMB Internationalization in Comparative Perspective".

com países vizinhos, o que foi reforçado pelo estabelecimento de um mercado monetário *offshore* em Hong Kong, em 2004. Longe de ter sido um processo racional da suposta "grande estratégia" chinesa, essa primeira fase decorreu da tentativa, por parte do *People's Bank of China* (PBOC), de facilitar e incentivar ainda mais o *boom* comercial com países asiáticos e, num ciclo virtuoso, reforçou a imagem da China como emergente responsável e cooperativo.

Graças ao sucesso dessas iniciativas, muitos funcionários do PBOC ganharam influência nas decisões de economia política do governo. Com isso, o segundo momento começou oficialmente em 2006 com a publicação do relatório *The Timing, Path, and Strategies of RMB Internationalization* pelo PBOC, mas ganhou força após a crise global de 2008 no fomento do uso do RMB em duas áreas: no mercado financeiro privado e no comércio internacional. Compilando as principais indicações da literatura,[22] temos como principais inovações os seguintes pontos:[23]

---

[22] Cf. HUANG, Yiping; WANG, Daili; FAN, Gang. *Paths to a Reserve Currency: Internationalization of the Renminbi and Its Implications*; SOHN, Injoo. "China's Monetary Ambitions: RMB Internationalization in Comparative Perspective"; PRASAD, Eswar S. *China's efforts to expand the international use of the Renminbi. U.S.-China*, TORRES FILHO, Ernani Teixeira; POSE, Mirko. "A internacionalização da moeda chinesa: disputa hegemônica ou estratégia defensiva?".

[23] Cf. HENDLER, Bruno. *O Sistema Sinocêntrico Revisitado: a sobreposição de temporalidades da ascensão da China no século XXI e sua projeção sobre o Sudeste Asiático*.

(1) O lançamento, em 2009, de um plano piloto de ampliação do uso do RMB para comércio exterior em 20 das 31 províncias do país. Já em 2011, todo o comércio poderia ser liquidado em RMB se as empresas envolvidas assim desejassem.

(2) A assinatura de acordos bilaterais de *swap* cambial com países em desenvolvimento (em geral vizinhos da Ásia Central, Oriente Médio e Ásia-Pacífico, mas também com Argentina, em 2009, e Brasil, em 2013) e com países desenvolvidos, como Austrália (2012), Reino Unido (2013) e boa parte da União Europeia. O objetivo era fornecer fundos para que parceiros comerciais mantivessem suas importações de produtos chineses, afetadas pela escassez de liquidez internacional – além de guiar-se por uma lógica geopolítica, posto que muitos dos parceiros têm pouco peso econômico mas são desejosos de reter RMB.[24]

(3) Em 2012 Hong Kong lançou um mercado de recompra de RMB e de Dólar de Hong Kong, tornando-se um intermediário seguro para instituições financeiras estrangeiras que quisessem adquirir RMB e instituições e empresas chinesas com planos de internacionalização.

(4) Em novembro de 2014 foi lançado um programa de intercâmbio de ações entre os mercados financeiros de Shanghai e Hong Kong. O programa permite que investidores chineses possam investir em companhias listadas em Hong Kong e que estrangeiros possam investir em ações de firmas chinesas "A" de forma menos restritiva.

---

[24] Cf. TORRES FILHO, Ernani Teixeira; POSE, Mirko. "A internacionalização da moeda chinesa: disputa hegemônica ou estratégia defensiva?".

(5) Em novembro de 2015 o conselho executivo do FMI votou pela inclusão do RMB na cesta de moedas que compõe os Direitos Especiais de Saque (*Special Drawing Rights*), entrando em vigor em outubro de 2016.[25]
(6) Houve uma abertura para que bancos estrangeiros pudessem atuar na China, ainda que de forma gradual e controlada pelo governo.
(7) Consolidou-se a atuação de bancos públicos chineses no exterior, em geral fornecendo crédito para governos estrangeiros que contratam serviços de empresas estatais chinesas.
(8) Criação de bancos multilaterais de desenvolvimento voltados para projetos de infraestrutura, como o New Development Bank (NDB, antigo Banco dos BRICS) e o Asian Infrastructure Investment Bank (AIIB).

Torres Filho e Pose afirmam que a internacionalização do RMB está longe de ser uma tentativa de concorrência e suplantação do dólar, bem porque a moeda norte-americana mantém uma centralidade única na hierarquia monetária internacional.[26] Enquanto o RMB tem uma participação no giro diário dos mercados cambiais de 4%, o dólar chega a 87% (Tabela 3); a participação da moeda chinesa no comércio mundial é de 0,5%, enquanto a norte-americana é de 50%; em termos de participação nas reservas oficiais, o RMB oscila entre 1% e 2%, enquanto o dólar corresponde

---

[25] Cf. BRADSHER, Keith. "China's Renminbi is approved by I.M.F. as a Main World Currency".
[26] Cf. TORRES FILHO, Ernani Teixeira; POSE, Mirko. "A internacionalização da moeda chinesa: disputa hegemônica ou estratégia defensiva?".

a 67% das reservas declaradas junto ao FMI;[27] e o dólar mantem-se em 42% como meio de pagamento contra 1,27% do RMB (Tabela 4).

Tabela 4 - Moedas usadas como meios de pagamento (em %)

	Set. 18	Set. 20
Dólar Americano	42,14	42,79
Euro	36,6	37,03
Iene Japonês	4,23	4,09
Libra Esterlina	4,11	3,96
Dólar Canadense	2,21	2,16
Dólar Australiano	1,54	1,55
RMB Chinês	1,13	1,27
Franco Suíço	1,92	1,1

Fonte: Swift, 2019.

Não obstante, os movimentos de abertura, elencados nos oito pontos mostrados anteriormente, têm sido graduais e acompanhados de ações restritivas por parte do governo, numa sequência de reformas que parece seguir a ideia de "um passo atrás, dois à frente". Para Torres Filho e Pose "a estratégia atual de internacionalização do RMB na verdade tem feito a China aumentar ainda mais seus passivos em dólar no curto prazo, ao aceitá-los em troca de oferecer sua

---

[27] CF. SOUSA, Ana Tereza Lopes Marra de. A internacionalização do renminbi como um meio de contestação. *Desafios*, v. 32, n. 1, p. 1-30.

própria moeda internacionalmente".[28] O dilema é que a saída de RMB e a sua circulação internacional, para além do controle do governo chinês, contribuíram para a desvalorização da moeda quanto ao dólar e incentivaram ainda mais empresas e investidores a exportar capital. Mas esse processo tem oscilado nos últimos anos, e o governo tem alternado entre medidas de restrição e abertura.

Portanto, ainda que a China faça movimentos estratégicos para ampliar a abrangência de sua moeda, o dólar continua firme na condição de referência absoluta no sistema financeiro-monetário internacional. E assim como no caso do IED, é notável o crescimento absoluto do RMB (em termos de circulação e aceitação), mas o contexto atual faz com que seu peso relativo seja muito menor do que o dos EUA no pós-guerra. Nesse sentido, Ernani Teixeira Torres Filho e Mirko Pose sugerem que a internacionalização do RMB é um processo defensivo da China para reduzir gradualmente a dependência frente à moeda norte-americana e às instabilidades do sistema monetário e financeiro e não uma tentativa deliberada de substituir o dólar como moeda de referência mundial.

Por fim, a centralidade no comércio mundial é mais uma das condições que caracterizaram as hegemonias mundiais em suas fases de plena expansão. No pós-guerra os EUA correspondiam a cerca de 30% das exportações e 20% das importações mundiais, conforme os Gráficos 8 e 9.

---

[28] TORRES FILHO, Ernani Teixeira; POSE, Mirko. "A internacionalização da moeda chinesa: disputa hegemônica ou estratégia defensiva?", p. 17.

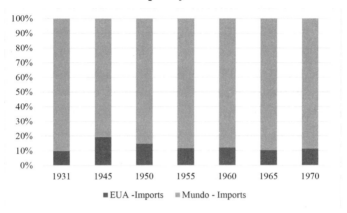

Fontes: UNSD, s.d.; ITC, s.d.

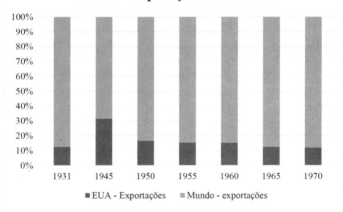

Fontes: UNSD, s.d.; ITC, s.d.

Esses números caíram gradualmente nas décadas seguintes, permanecendo em cerca de 15% (exportações) e 12% (importações), respectivamente. Apesar disso, os EUA continuaram com uma fração superior aos demais países do 1º Mundo, como Reino Unido, Alemanha Ocidental, França, Holanda, Canadá e Japão (gráficos 10 e 11).

Gráfico 10 - Principais países importadores (1950-1970) (US$ Bi)

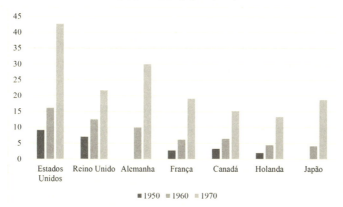

Fonte: Barbieri; Keshk, 2016.

Gráfico 11 - Principais países exportadores (1950-1970) US$ Bi

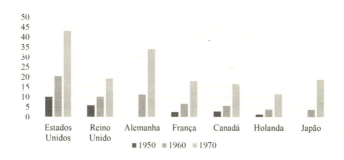

Fonte: Barbieri; Keshk, 2016.

Naturalmente há diferenças no regime de acumulação e no modelo de desenvolvimento de cada hegemonia mundial, assim como na forma como a aliança capital-Estado doméstica sustenta sua centralidade na economia global. Para a pergunta central deste texto, deve-se notar que a capacidade do mercado norte-americano em absorver a produção mundial na era de ouro do capitalismo foi crucial para a sua primazia econômica, o que ficou evidenciado por seu peso nas importações mundiais (visto anteriormente). Por analogia, qual o peso do mercado chinês nas importações mundiais atualmente?

O Gráfico 12 demonstra o crescimento considerável da China neste quesito, passando de 4% para 11% em menos de duas décadas. O país é o segundo maior importador do mundo, ficando atrás apenas dos EUA (que caiu de 18% para 13% no mesmo período) e bem à frente dos países subsequentes – Alemanha (6,5%), Japão (3,7%) e Reino Unido (3,6%), em 2019. Em números absolutos, as importações da China passaram de US$ 240 bilhões para mais de US$ 2,1 trilhões nesse período.

Gráfico 12 - Importações China/Mundo

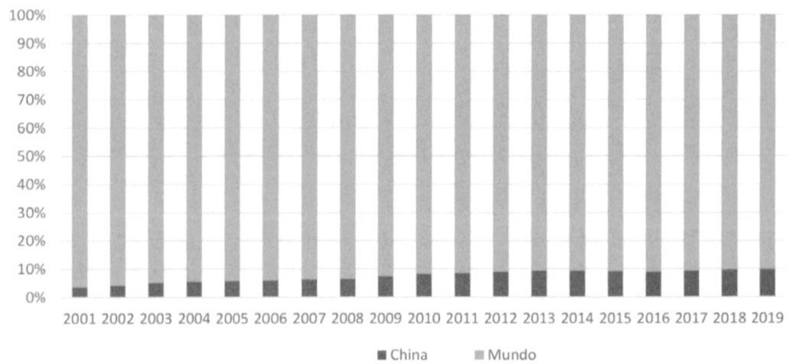

Fontes: UNSD, s.d.; ITC, s.d.

Se até os anos 2000 a maior parte dessas importações tinha como foco a montagem de manufaturados para reexportação (o chamado duplo polo, segundo Medeiros),[29] após a crise de 2008, esse padrão passou a ser complementado pela demanda do mercado interno, puxada pela elevação do poder de compra e da franca expansão da classe média.[30] Isto é, assim como os EUA do pós-guerra, a China tem se tornado o destino de produtos de maior valor agregado, especialmente em tecnologia da informação, turismo, entretenimento, serviços financeiros e transportes que, juntos, responderam por um quarto do total das importações em 2018. Outros dois setores de destaque foram o de circuitos eletrônicos integrados (semicondutores, em especial) e os produtos primários como minérios e combustíveis fósseis. Por outro lado, bens de capital (maquinário) perderam peso na pauta de importação, assim como químicos, têxteis, alimentos e metais (Atlas de complexidade econômica). A Tabela 5 apresenta essas mudanças.

Tabela 5 - Mudanças na pauta de importação da China em (%)

	1995	2018
Serviços	17,64	24,18
Minerais	5,28	18,63

---

[29] Cf. MEDEIROS, Carlos. "A China como um Duplo Pólo na Economia Mundial e a Recentralização da Economia Asiática".

[30] Cf. CINTRA, Marcos; PINTO, Eduardo. "China em transformação: transição e estratégias de desenvolvimento".

	1995	2018
Eletrônicos	11,18	13,74
Maquinário	19,09	10,85
Químicos	12,7	9,5
Agricultura	10,96	7,69
Metais	7,9	4,12
Têxteis	10,4	1,69

Fonte: ATLAS, s.d.

Portanto, assim como os EUA do pós-guerra, a China ganha centralidade no comércio mundial, tornando-se destino de parcela crescente da produção – não só de commodities, mas também de eletrônicos e de serviços de alto valor agregado. Porém, ao contrário do caso anterior, esta centralidade é rivalizada pela permanência da alta demanda do mercado norte-americano, em que pese o choque da crise financeira de 2008.

Considerações finais

A partir dos dados levantados é possível concluir que os movimentos de projeção econômica internacional da China são semelhantes aos dos EUA, mas esta afirmação precisa ser refinada, porque há desencaixes em relação à transição hegemônica anterior (Inglaterra-EUA). Em todos os quesitos, a China tem mostrado avanços consideráveis, que podem ser classificados em termos absolutos (valores) e relativos (porcentagem global e/ou porcentagem chinesa *vis-à-vis* à norte-americana).

Em termos de exportação de capitais, a China tornou-se, de fato, um *player* global desde meados dos anos 2000, porque ampliou os valores absolutos, a quantidade de projetos, a abrangência geográfica dos países de destino e os setores envolvidos. Porém, em termos relativos esse processo se assemelha mais à fase de ascensão do que a de plena expansão da hegemonia dos EUA, isto é, a China é mais um país dentro de um grupo de sete ou oito grandes exportadores de capital.

Esta marca não desmerece o feito inédito de desenvolvimento econômico da China na história, nem o fato de que o país figura em um seleto clube de nações industrializadas e desenvolvidas. Porém, tais avanços precisam ser postos em perspectiva sistêmica, e, neste caso, não se pode afirmar que o OFDI chinês signifique, hoje, uma reorganização da economia internacional em torno da China. Em suma, neste quesito, há um avanço absoluto da China, mas em termos relativos o país ainda fica atrás dos EUA e junto a outros seis ou sete grandes exportadores de capital.

Já no tocante a marcas globais a China avança não apenas em termos absolutos, mas também relativos, passando os EUA em quantidade e em setores estratégicos como aeroespaço e defesa, engenharia e construção, química e automobilístico. O sucesso destas empresas poderá, no futuro próximo, alavancar ainda mais a centralidade chinesa no quesito anterior.

Talvez a principal fragilidade da China esteja na (não) centralidade da moeda. Nesse tópico o país permanece muito atrás dos EUA e da União Europeia. Uma possível superação dessa vulnerabilidade talvez passe pelo aprofundamento dos pontos indicados aqui, além da aproximação com a Rússia, o Irã e outros países que sofrem sanções econômicas do ocidente.

Por fim, quanto à expansão do mercado doméstico (medida pela quantidade e qualidade das importações), a China tem se destacado em termos absolutos e relativos.

Não apenas os valores cresceram muito nas últimas duas décadas, mas a pauta de importações tornou-se mais sofisticada, revelando maior complexidade econômica e maior capacidade de puxar o crescimento econômico global. E ainda que a China continue atrás dos EUA em 2019 (11% contra 13%), a tendência é de inversão desses indicadores.

Em suma, a ascensão chinesa marca a substituição do mundo unipolar dos anos 1990 para a bipolaridade sino-americana que ganha corpo nos anos 2010. Porém, esta bipolaridade é muito distinta daquela da Guerra Fria, quando os EUA, com seu *heartland* intocadopela guerra, dispôs de um excedente de poder e riqueza capaz de reorganizar o sistema-mundo moderno em 1945. A China não encontra um cenário tão favorável. Pelo contrário, depara-se com inúmeras pressões sistêmicas (da hegemonia em declínio, de rivais regionais e de outras economias desenvolvidas) e domésticas que tornam ainda mais difícil a subida na escada das grandes potências. Portanto, a hipótese inicial de que a China hoje, assim como os EUA de 1945, é o país que reorganiza e dita os rumos do mundo não se comprova, mas é possível afirmar que tende a equivaler-se, gradualmente, aos EUA nesta função.

Referências

ARRIGHI, Giovanni. *Adam Smith em Pequim: origens e fundamentos do século XXI*. São Paulo: Boitempo, 2008.

ARRIGHI, Giovanni. *O longo século XX: dinheiro, poder e as origens de nosso tempo*. Rio de Janeiro: Contraponto; São Paulo: Editora Unesp, 1996.

ARRIGHI, Giovanni; SILVER, Beverly J. *Caos e governabilidade no moderno sistema mundial*. Rio de Janeiro: Contraponto; São Paulo: Editora UFRJ, 2001.

ATLAS – The Atlas Of Economic Complexity. *Atlas*. s.d. Disponível em: https://bit.ly/2RqeJIS. Acesso em: 31 mar. 2021.

BARBIERI, Katherine; KESHK, Omar. "Correlates of War Project Trade Data Set Codebook, Version 4.0". *The Correlates of War*. 2016. Disponível em: https://bit.ly/3uOWTxQ. Acesso em: 31 mar. 2021.

BRADSHER, Keith. "China's Renminbi is approved by I.M.F. as a Main World Currency". *New York Times*, 12 jan. 2015.

CINTRA, Marcos; PINTO, Eduardo. "China em transformação: transição e estratégias de desenvolvimento". *Revista de Economia Política*, v. 37, n. 2 (147), p. 381-400, 2017.

COUNTRIES OF THE WORLD. "Top 25 most traded currencies". *Countries of the World*. s.d. Disponível em: https://bit.ly/3deWZbS. Acesso em: 31 mar. 2021.

DÖPCKE, Wolfgang. "Apogeu e colapso do sistema internacional europeu (1871-1918)". In: SARAIVA, José F. S. (Org.). *História das relações internacionais contemporâneas: da sociedade internacional do século XIX à era da globalização*. São Paulo: Saraiva, 2007.

FORTUNE. "Fortune 500". *Fortune*. s.d. Disponível em: https://bit.ly/3dgZeLR. Acesso em: 31 mar. 2021.

FRIEDEN, Jeffry A. *Capitalismo global: história econômica e política do século XX*. Rio de Janeiro: Jorge Zahar, 2008.

HENDLER, Bruno. *O Sistema Sinocêntrico Revisitado: a sobreposição de temporalidades da ascensão da China no século XXI e sua projeção sobre o Sudeste Asiático*. Tese (Doutorado) – Universidade Federal do Rio de Janeiro, Rio de Janeiro, 2018.

HENDLER, Bruno. *Ônus e bônus da Guerra ao Terror: custos para os EUA e ganhos relativos da China em tempos de mudança no sistema-mundo moderno*. Dissertação (Mestrado em Relações Internacionais) – Universidade de Brasília (UnB), Curitiba, 2013.

HOBSBAWM, Eric. *Era dos Extremos: o breve século XX*. São Paulo: Companhia das Letras, 1995.

HUANG, Yiping; WANG, Daili; FAN, Gang. Paths to a Reserve Currency: Internationalization of the Renminbi and Its Implications. *ADBI Working Paper Series*, 2014. Disponível em: https://bit.ly/3gb7zm3. Acesso em: 31 mar. 2021.

ITC – Internacional Trade Centre. *ITC.* Disponível em: https://www.intracen.org/. Acesso em: 30 mar. 2021.

JONES, Geoffrey. "Multinationals from the 1930s to the 1980s". In: CHANDLER Jr., Alfred D.; MAZLISH, Bruce. *Leviathans: multinational corporations and the new global history*. Cambridge: Cambridge University Press, 2005.

KARNAL, Leandro. *História dos Estados Unidos: das origens ao século XXI*. São Paulo: Editora Contexto, 2007.

MEDEIROS, Carlos. "A China como um Duplo Pólo na Economia Mundial e a Recentralização da Economia Asiática". *Revista de Economia Política*, v. 26, n. 3 (103), p. 381-400, jul.-set. 2006.

METRI, Maurício. "A ascensão do dólar e a resistência da libra: uma disputa político-diplomática". *Tempo do mundo* (Instituto de Pesquisa Econômica Aplicada), Brasília, v. 1, n. 1, jan. 2015.

OECD (The Organisation for Economic Co-operation and Development). "Outward FDI flows by partner country". *OECD*. s.d. Disponível em: https://bit.ly/2QjewH0. Acesso em: 30 mar. 2021.

POLANYI, Karl. *A grande transformação: as origens da nossa época*. Rio de Janeiro: Compus, 2000.

PRASAD, Eswar S. "China's efforts to expand the international use of the Renminbi. U.S.-China". *Economic and Security Review Commission*, 2016. Disponível em: https://bit.ly/32fKjv2. Acesso em: 30 mar. 2021.

SILVER, Caleb. "The Top 25 Economies in the World". *Investopedia*, 24 dez. 2020. Disponível em: https://bit.ly/3si28ED. Acesso em: 30 mar. 2021.

SOHN, Injoo. "China's Monetary Ambitions: RMB Internationalization in Comparative Perspective". *The Korean Journal of International Studies*, v. 13-1, p. 181-206, 2015.

SOUSA, Ana Tereza Lopes Marra de. A internacionalização do renminbi como um meio de contestação. *Desafios*, v. 32, n. 1, p. 1-30. Doi: https://doi.org/10.12804/revistas.urosario.edu.co/desafios/a.7688.

SWIFT. "RMB Tracker". *The global provider of secure financial messaging services*, 2019. Disponível em: https://bit.ly/2RzrvFb. Acesso em: 30 mar. 2021.

The China Global Investment Tracker, American Enterprise Institute (AEI). Disponível em: https://bit.ly/3dhDaRf. Acesso em: 31 mar. 2021.

TORRES FILHO, Ernani Teixeira; POSE. Mirko. "A internacionalização da moeda chinesa: disputa hegemônica ou estratégia defensiva?". *Revista de Economia Contemporânea*, v. 22, n. 1, 2018.

TWOMEY, Michael J. *A Century of Foreign Investment in the Third World*. Londres: Routledge, 2002.

UNSD – The United Nations Statistics Division. *UNSD*. Disponível em: https://unstats.un.org/home. Acesso em: 30 mar. 2021.

WALLERSTEIN, Immanuel. *The decline of American power: The U.S. in a Chaotic World*. Nova York: The New Press, 2003.

5
Simultaneísmo e fusão na paisagem, na cultura e na literatura chinesa

Francisco Foot Hardman

Introito: afinidades excêntricas

Estas anotações tentam esboçar uma síntese provisória do que vimos, lemos e experimentamos sobre a China contemporânea em cerca de uma década e meia de contato com suas paisagens, culturas e literaturas. Contato que se firmou e se desenvolveu com maior proximidade a partir de 2013, ano de nossa primeira viagem ao "Império do Meio", renovada por cinco vezes, desde então, pelo estreitamento das relações bilaterais entre a Unicamp e a Universidade de Pequim a partir de 2015. Na estadia de um ano entre 2019-2020, na capital chinesa, como professor visitante convidado da Peking University (PKU), ou "Beida", as observações e os estudos que vínhamos realizando obtiveram campo muito fértil de vivências e trocas. O que segue, aqui, é uma súmula de registros e reflexões.

Quando muitas vozes, no Ocidente, teimam em continuar desconhecendo e fazendo pouco caso da impressionante pujança da República Popular da China, mais do que nunca é necessário tentar compreendê-la, sem preconceitos nem estereótipos. No Brasil, em particular, temos na quadra atual o predomínio da desgovernança destruidora, que nega a uma relação diplomática estável, por quase meio século, seu alimento mais valioso, isto é, o diálogo fraterno permanente que sempre assenta as bases para a confiança mútua.

Entre os povos do Brasil e da China, porém, há mais afinidades interculturais do que poderiam supor os ignorantes, mal-intencionados ou apressados. Vale apostar em sua prevalência e aprofundamento.

O exame sumário de certos aspectos da imbricação de temporalidades histórico-culturais de camadas muito diversas e sua concentração em territórios muito amplos e dispersos é o registro mais eloquente de uma história não linear e de uma geografia não estanque. Recorreremos, a seguir, a exemplos concretos, tanto de nossa experiência como viajante fascinado pelas dinâmicas únicas de um país-planeta, para recorrer à imagem feliz da artista brasileira Maria Martins, em viagem à China em 1956,[1] quanto pelas leituras, diálogos e reflexões intensas que temos travado, neste último período, com nossos estudantes, colegas e amigos chineses.

Aceitar o desafio desse confronto é, também, descortinar as maravilhas de todos os encontros possíveis. Isso, tanto no espaço-tempo cambiante e duradouro de nossos

---

[1] MARTINS, Maria. *Ásia Maior: o Planeta China.*

países-continentes quanto nas marcas da memória corporal e espiritual. Ou, bem mais simplesmente, no gesto solidário de que é capaz toda comunhão entre povos que se interrogam e se admiram ao longo da história. É preciso, apenas, ter a razão e os sentidos abertos, para buscar todos os sinais dessas "influências, marcas, ecos e sobrevivências", na feliz expressão do historiador da arte e professor da Unicamp José Roberto de Teixeira Leite: sinais que são recíprocos, em espaços-tempos que se comutam.[2] E, talvez, nessa perspectiva intercultural, as premonições luminosas de Gilberto Freyre em *A China tropical*, cuja edição inaugural, em inglês, data de 1945, possam adquirir concretude histórica em nosso trânsito atual.[3]

Para além das dicotomias binárias no sistema-mundo

As ciências sociais, em sua vertente dominante desde a segunda metade do século XIX e durante boa parte do século XX, insistiram sobre dicotomias que se tornaram cada vez mais obsoletas, com a reconfiguração do capitalismo global no sistema-mundo. Entre elas, lembremos das oposições comunidade x sociedade, arcaico x moderno, centro x periferia, desenvolvido x subdesenvolvido, entre outras. No ensaio "Ilusões geográficas: sobre a volubilidade

---

[2] LEITE, José Roberto Teixeira. *A China no Brasil: influências, marcas, ecos e sobrevivências chinesas na sociedade e na arte brasileiras.*

[3] FREYRE, Gilberto. *China tropical: e outros escritos sobre a influência do Oriente na cultura luso-brasileira.*

da noção de periferia no espaço-tempo global", já critiquei a persistência desses recortes mecânicos, tanto mais inadequados quanto mais as relações internacionais de produção e troca se encontram imersas nos ditames do capitalismo global.[4]

Na tradição do materialismo dialético, desde o estudo pioneiro de Vladimir I. Lênin, sobre o desenvolvimento do capitalismo na Rússia (1899), até as formulações de Leon Trótski, apoiado em análises que remontavam a Marx, sobre a complexidade dos processos revolucionários naquele país de forte componente agrário-camponês (seja o teatro privilegiado da revolução de 1905, analisada em livro publicado na Alemanha, em 1909, seja sua síntese em torno da "revolução permanente", publicada na França, em 1930), desenvolveu-se a percepção de que espaços-tempos na história moderna das revoluções sociais não seguiam uma evolução linear, muito menos dicotômica.

A essas contribuições fundamentais, há que acrescentar os importantes escritos do marxista italiano Antonio Gramsci, sobre a "questão meridional" (desde seu primeiro artigo em 1926), até os acréscimos e as reformulações que escreve nos *Cadernos do cárcere*, a partir de 1929, incluindo várias notas avulsas sobre sua terra natal, a ilha da Sardenha. Nessas várias análises, ressaltam-se alguns aspectos que, para além de suas consequências políticas à teoria e à prática das revoluções, são muito valiosos para se repensar o caráter desigual-combinado no plano das culturas humanas em

---

[4] HARDMAN, F. Foot. "Ilusões geográficas: sobre a volubilidade da noção de periferia no espaço-tempo global".

geral e, também, em especial, no âmbito dos processos artísticos e literários da modernidade e seus desdobramentos na época contemporânea.

No que nos toca aqui, haveria que sublinhar: a) paisagens marcadamente agrárias, rurais, camponesas (ou até silvestres, florestais, como no Brasil ou na China anterior a 1950, pelo menos) constituem cenário importante para se ampliar o olhar para a diversidade e simultaneidade dos processos culturais; b) ao se enfatizar as enormes diferenças regionais prevalentes, com suas implicações em termos de paisagens, culturas e literaturas, não se pretende nenhum tipo de dualismo geográfico-histórico na análise, mas, ao contrário, a pesquisa das várias fusões ocorridas, especialmente quando da aceleração, às vezes vertiginosa, das mudanças determinadas pelas relações de produção capitalistas; c) a emergência da chamada globalização não implica, ao contrário do que muitas vezes se supõe, a homogeneização e aplainamento das diferenças culturais, ou o apagamento de características específicas no campo regional ou nacional, mas, ao contrário, dialeticamente, tais características podem viger ou até reemergir com maior ímpeto e nitidez.

O desigual-combinado na China moderna e contemporânea

Vale retomar, de início, neste tópico, algumas pontuações de um estudo clássico feito pelo mestre francês erudito em língua e cultura chinesas Marcel Granet, *O pensamento chinês*, cuja primeira edição data de 1934, que se aprofundou em vários aspectos da civilização do "Império do

Meio" e, no que interessa aqui, ao tratar dos conceitos de tempo e espaço, a partir das palavras *shi* (todas as porções da duração) e *fang* (todas as partes da extensão), afirma: "Formando um complexo de condições emblemáticas, a um tempo determinantes e determinadas, o Tempo e o Espaço são sempre imaginados como um conjunto de grupos concretos e diversos, de *sítios e ocasiões*".[5]

E, ainda: "Os chineses não se preocuparam em conceber o Tempo e o Espaço como dois meios homogêneos, aptos a abrigar conceitos abstratos. [...] os chineses evitaram ver no Espaço e no Tempo dois conceitos independentes ou duas entidades autônomas. Discernem neles *um* complexo de *categorias* identificadas com conjuntos atuantes, com grupos concretos".[6]

E, assim, conclui:

> Os chineses não têm o menor gosto pelos símbolos abstratos. Veem no Tempo e no Espaço apenas um conjunto de ocasiões e lugares: eles são interdependências, solidariedades que constituem a ordem do Universo. Não se acha que o homem possa constituir um reino na Natureza ou que o espírito se distinga da matéria. Ninguém contrasta o humano com o natural e, acima de tudo, ninguém pensa opô-los como o livre ao determinado.[7]

Admitindo-se a pertinência dessa perdurável tradição cultural, pode-se considerar sua plena compatibilidade

---

[5] GRANET, Marcel. *O pensamento chinês*, p. 67.
[6] *Idem*, p. 81.
[7] *Idem,* p. 352.

com o conceito de desenvolvimento desigual e combinado proposto pelo materialismo histórico. Embora em perspectiva teórica diversa, o filósofo francês François Jullien também pode contribuir com nossas aproximações, ao criticar fortemente o racionalismo eurocêntrico e ao se abrir para a linguagem e cultura chinesas, seja ao resgatar o importante conceito de "transformações silenciosas" (em que vê similitudes à "longa duração" do historiador Fernand Braudel), seja ao enfatizar o diálogo entre culturas como antídoto à uniformização de pretensos "universais", seja, enfim, ao considerar as diferenças culturais no âmbito das divergências entre linguagens. Ao transportar, com muita prudência, a ideia de "transformações silenciosas" ou "deslocamentos subterrâneos", que descobre no filósofo chinês do século XVII Wang Fuzhi, para o âmbito das noções em torno de mudança histórica-estratégica-política, o autor recupera estudos anteriores que havia feito sobre a "propensão das coisas" e a ênfase no "processo", mais do que "criação", em se tratando de compreender os significados de "eficácia" na China.[8]

Num original ensaio publicado no fim do século XX, Ann Anagnost tenta examinar experiências de construção de uma "memória nacional" na China, no período imediatamente posterior ao governo de Mao Tsé-Tung, visitando vários lugares ou perscrutando objetos que definiriam a

---

[8] Cf. JULLIEN, François. *Les transformations silencieuses*, cap. X, p. 134-156; *On the Universal: the uniform, the common and dialogue between cultures*; *A propensão das coisas: por uma história da eficácia na China*; e *Processo ou criação: uma introdução ao pensamento dos letrados chineses*.

representação de uma "paisagem nacional", entre eles: o parque temático em Shenzhen, chamado "China Esplêndida" (*Jinxiu Zhonghua*), espécie de súmula da longa história cultural, das paisagens naturais e das diversas etnias do país; a famosa Cidade Antiga (*Fanggujie*) de Nanquim, bairro restaurado às margens do rio Qinhuai, onde se destaca o antigo templo confuciano Fuzimiao; as coleções de miniaturas do período maoísta e da Revolução Cultural; e até um diário de uma amiga da autora, onde estão desenhados ou estampados vários cartazes daquela época, formando amostra de uma certa "identidade nacional".[9]

Embora interessante nos seus propósitos, a autora não foge de certo viés marcado por autores marxistas anglo-saxões, entre eles Benedith Anderson e seu famoso estudo sobre as nações modernas como "comunidades imaginadas". Para além da construção dessa "memória nacional", que possui no Estado, sem dúvida, um de seus esteios, há que considerar, como apontam com justeza os historiadores israelenses Azar Gat e Alexander Yakobson em sua pormenorizada pesquisa sobre as origens mais remotas das nações, que há aí, também, uma "longa história" ancorada em raízes profundas, vinculadas à etnicidade e à identidade nacional, em muito anteriores à emergência do Estado-nação moderno.[10] Ao se reportar a uma história de continuidades, como a da civilização chinesa, que remonta a cinco mil

---

[9] ANAGNOST, Ann. *National past-times: narrative, representation, and power in Modern China*, p. 161-175.

[10] Cf. GAT, Azar; YAKOBSON, Alexander. *Nations: the long history and deep roots of political ethnicity and nationalism*.

anos, é necessário ter o cuidado de não generalizar a partir de cenários recentes. Ou, pelo menos, apontar as sempre possíveis ressignificações da memória, tanto nos modos de apropriação e uso de espaços-tempos, quanto nas múltiplas obras culturais, artísticas e literárias contemporâneas, que refazem, em sentidos diversos, "sítios e ocasiões".

Para ficar apenas num exemplo, na mesma cidade de Nanquim, mencionada por Anagnost: lá se criou, em 1985, depois ampliado em 1995, o Museu Memorial do Massacre dos 300.000, que expõe detalhadamente a invasão japonesa e morte documentada de centenas de milhares de civis naquela cidade, entre dezembro de 1937 e janeiro de 1938. De tudo que se registra ali, o que mais impressionam são as esculturas figurativas realistas, enfatizadas com marcas expressionistas, feitas pelo grande artista chinês Wu Weishan, representando vítimas anônimas do massacre em sua sina de "refugiados".[11] Impossível passar indiferente ao largo dessa representação de um trauma coletivo. Nem tudo, portanto, nesse processo, devemos admitir, reduz-se a artimanhas de memórias inventadas.

Se há um traço forte na história do povo chinês, com consequências de "longa duração", mesmo nos cenários mais urbanos e cosmopolitas de algumas das principais metrópoles atuais da China, é a presença determinante da terra, do solo, na sua vida, trabalho e imaginário. Essa realidade pode ser conferida em muitíssimas fontes, mas exemplifiquemos, aqui, com um dos maiores cientistas sociais chineses do século XX, Fei Xiaotong, autor do livro

---

[11] LI, Changsen (Ed.). *O mundo de escultura de Wu Weishan*, p. 193-204.

clássico *From the soil: the foundations of Chinese society*, cuja primeira edição data de 1947.[12] É sobretudo a agricultura, a vida rural e camponesa que determinam muitas das visões e construções mentais do povo chinês, bem como a valorização extrema dos núcleos familiar e de vizinhança, a importância dos vilarejos, a relação próxima com a natureza. Outro exemplo desses vínculos, saído da melhor literatura norte-americana, é o romance do prêmio Nobel Pearl S. Buck, *A boa terra*, lançado em 1931.[13]

Estamos diante de um movimento duplo interessante, entre a contemplação e a metamorfose. A esse propósito, ocorrem-me exemplos inspirados no grande poeta chinês Ai Qing. Ele escreveu uma introdução a um belo álbum fotográfico sobre as montanhas Tianshan, localizadas na região autônoma de Xinjiang, no extremo-oeste da China, onde o poeta viveu por duas décadas proscrito. São suas memórias contemplativas.[14] Em sua épica viagem à América do Sul, em 1954, os quatro poemas mais cativantes formam uma série que, fugindo da cena histórica ou política imediatas, intitulamos, eu e Fan Xing, "Natureza & Metamorfose: Utopia Transpacífica". Neles, alguns pinheirinhos-chineses, uma ostra com pérola, algas marinhas e um penedo a desafiar as ondas protagonizam como "eus poéticos".[15]

---

[12] Cf. FEI, Xiaotong. *From the soil: the foundations of Chinese society*.

[13] Agradeço à pesquisadora e professora Lúcia Anderson pelas certeiras referências a Fei Xiaotong e Pearl S. Buck.

[14] Cf. AI QING. "Remembering the Tianshan Mountains (By way of introduction)".

[15] AI QING. *Viagem à América do Sul*, p. 155-163.

Esses elementos, de uma terra-de-maravilhas, iluminam o viajante e lembram que é sempre possível sonhar com mundos mutáveis.

Mo Yan e o realismo do maravilhoso

Mo Yan, escritor chinês nascido em 1955, na então vila rural de Gaomi,[16] província de Shandong, leste da China, participou da Revolução Cultural e, ainda garoto, passou a trabalhar no campo, como pastor de rebanhos e, depois, em cultivo e beneficiamento de algodão, na comuna agrícola de seu cantão. Tendo ingressado jovem no Exército de Libertação Nacional, em 1976, depois de trabalhar, também, como operário fabril, teve a boa sorte de ser aceito na Escola de Arte e Literatura do Exército, em 1984. Às vezes mal interpretado por seus elogios e boas lembranças da vida na caserna, pode-se logo perceber que essa experiência foi mais uma fonte de inspiração literária, como se nota em sua interessante autobiografia ficcional *Mudança*, em que personagens de sua infância na escola primária e na mítica Gaomi, mesclam-se às aventuras dos anos de carreira militar.[17]

Fundindo vários tempos, um velho caminhão soviético *GAZ 51*, que o pai da menina mais bonita da classe possuía, serve de ponte da memória, tanto na lembrança posterior de sua primeira entrada triunfal em Pequim, a bordo de

---

[16] Gaomi atualmente conta com 150 mil habitantes, e sua administração pertence à cidade de Weifang.

[17] MO YAN. *Mudança*, p. 98.

outro caminhão do quartel, no final dos 1970, quanto, uma década mais tarde, no reconhecimento daquele antigo veículo em plena locação do filme de Zhang Yimou, *Sorgo vermelho*, rodado em sua terra natal e baseado em seu romance homônimo, de 1987.

Foram estreias luminosas, tanto a do diretor Zhang Yimou quanto a da inefável atriz Gong Li, nesse filme belíssimo, que é um tributo à prevalência do ambiente rural e da força telúrica de seu espaço de infância em toda a obra de Mo Yan. A obtenção do Urso de Ouro em Berlim, em 1988, tornou o livro *O Clã do Sorgo Vermelho*, que narra a saga de várias gerações familiares em drama épico focado numa poética da paisagem, um *best-seller* nacional e projetou, pela primeira vez, a obra do escritor no plano internacional.[18]

Pseudônimo autoatribuído e irônico, seu nome literário, Mo Yan, significa, literalmente, "não fale", reportando à memória da mãe que repetia essa advertência por ter visto seus solilóquios no campo, em especial ao conduzir rebanhos. Num diálogo evocativo que trava com o antigo amigo de infância e encrencas, He Zhiwu, este, meio fortuitamente, nos oferece a chave do sentido de sua prosa de autoficção: "Daí se vê que a vida é cheia de mudanças, o acaso é que ata as pontas do destino. Tudo se encaixa de maneira estranha, bizarra mesmo, ninguém é capaz de prever essas coisas".[19]

"Mudanças", aqui, ao contrário do que certas leituras sugeriram, não se referem exclusiva nem principalmente às transições do processo histórico chinês ao longo de três ou

---

[18] Cf. ZHANG, Yimou. *Sorgo vermelho;* MO YAN. *Red Sorghum*.
[19] MO YAN. *Mudança*, p. 98.

quatro décadas, mas às mudanças imprevistas na vida do autor-narrador e de alguns personagens que lhe são caros, e até mesmo mudanças de paisagens e objetos, a começar daquele caminhão *GAZ 51* que continua circulando em sua memória.[20]

Outro livro, que reuniu textos autobiográficos, perpassa, de modo persistente, o vínculo fortíssimo que o autor reconhece, entre sua criação literária e o mundo vivido na infância em Gaomi. Tanto nas duas conferências dadas em Stanford e Berkeley, na primavera de 2000, quanto na entrevista com o escritor japonês Kenzaburo Oe, em 2002, realizada justamente em Gaomi, assim como em sua interessante dissertação de mestrado em literatura, concluída na Universidade Normal de Pequim, em 1994 (instituição onde hoje o escritor dirige o *International Writing Center*), Mo Yan reafirma, de diferentes modos, suas raízes incontornáveis com o mundo rural da China e, em especial, com todos os espaços de seu povoado de origem, em Shandong. Que quanto mais afastado dele está, mais sua atração poética se impõe.[21]

Revelando conhecimento literário não só da tradição literária chinesa, mas também das literaturas europeias, será nas Américas, contudo, que parece ter encontrado mais

---

[20] Como na língua chinesa não há flexão de singular/plural, talvez a tradução do título mais apropriada para este livro-chave seja *Mudanças*, para dar conta dessa simultaneidade e fusão de espaços-tempos diversos e não lineares. Em outra edição/tradução em português do livro, também em 2013, saída pela Divina Comédia Editores, de Lisboa, acabou-se por optar pela flexão no plural.

[21] Cf. MO YAN. *Dépasser le pays natal: quatre essais sur um parcours littéraire*.

"afinidades eletivas", seja com o norte-americano William Faulkner de *O som e a fúria*, seja com o colombiano Gabriel García Márquez de *Cem anos de solidão*, cuja tradução chinesa foi um dos maiores best-sellers de escritores estrangeiros no país. Reconhecendo, em ambos, exemplos notáveis de romancistas que, colados a espaços-tempos inteiramente delimitados na geografia e no imaginário, souberam fazer de suas narrativas um grande voo rumo ao drama humano sem fronteiras nem cronologias, demonstra, ao mesmo tempo, consciência de que seu realismo não deve se valer dos mesmos recursos e modelos utilizados pelos autores que o mobilizam. Parece que se contentou com a expressão que o comitê do prêmio Nobel, em 2012, usou para definir a originalidade de sua prosa: "realismo alucinatório".

A mistura bem concatenada de linhagens e vozes narrativas (contos populares, lendas, história e tramas contemporâneas), em ritmo acelerado, em prosa caudalosa ao sabor do picaresco, que dosa humor cruel e cenas brutalistas com lirismo envolvente em torno de personagens do povo, com particular destaque para figuras femininas, pode desencadear, com efeito, essa marca alucinante dos reais desvendados por Mo Yan. Ao lê-lo, contudo, poderemos lembrar, quem sabe, de Cervantes e *D. Quixote*, da tradição da sátira menipeia reposta por Mikhail Bakhtin, ou, no espaço do "barroco moderno" latino-americano, da noção tão bem trabalhada pelo escritor cubano Alejo Carpentier, em torno da literatura do "real-maravilhoso", que ele não só praticou como romancista, mas também exercitou como ensaísta em suas "visões da América". Aqui, bem entendido: a América Latina. E "real-maravilhoso" nos seus termos próprios, que combinam a fascinação do belo e o choque do horror.[22] De todo modo, como enfatizou com justeza Alcir Pécora, em resenha sobre o único romance de Mo Yan traduzido até aqui no Brasil, *As rãs*, deve-se cuidar para não atribuir, a um autor chinês, esquemas morais e modelos teórico-literários usuais no Ocidente.[23]

Sobre esse oportuno lembrete, pode-se voltar ao que disse o próprio autor, ao sublinhar o quanto a leitura de três narrativas clássicas da literatura chinesa, ainda jovem, formaram seu cabedal literário "nacional": *O romance dos três Reinos*, de Luo Guanzhong (1522); *O sonho do Pavilhão Vermelho*, de Cao Xueqin (1791); e *Jornada ao Oeste*, de Wu Chengen (1592).[24] São romances-mosaicos, romances-rios que se impõem, com suas respectivas monumentalidades, a qualquer espaço-tempo restrito ao cânon ocidental. A que valeria agregar, no que toca à literatura chinesa moderna, entre tantas referências lembradas por Mo Yan, o conto de Lu Xun, que eu traduzo por "Meu antigo povoado" (1921), e que ele pontua na lista de obras fundamentais nesse movimento de distância-intimidade de vários escritores com sua terra natal.[25]

---

[22] Cf. CARPENTIER, Alejo. *A literatura do maravilhoso*; CARPENTIER, Alejo. *Visão da América*.

[23] Cf. MO YAN. *As rãs*; PÉCORA, Alcir. "Nobel chinês Mo Yan cria trama picaresca com tempero poético".

[24] MO YAN. *Mudança*, p. 37.

[25] Cf. MO YAN. *Dépasser le pays natal: quatre essais sur um parcours littéraire*, cap. 3; LU XUN. *Diario de um demente y otros cuentos*, p. 75-89; LOU SIN (aliás, LU XUN). *Nouvelles choisies*, p. 64-75;

Há até um crítico, He Chengzhou, que sugere que essa "identidade rural chinesa" ("chinesidade", em seus termos, que fica feio em inglês e português) é uma construção performática e discursiva do autor com vista a se contrapor a uma visão edificante de uma modernidade capitalista global na China.[26] Discordamos. Acredito, como a sua copiosa ficção – que já atinge cerca de três dezenas de romances, novelas e contos reunidos –, pode nos revelar, que seu vínculo com temas, paisagens e personagens rurais da China nada tenha de intencionalmente performático ou metadiscursivo, mas seja pura e simplesmente, como ele tem reafirmado tantas vezes, produto de uma experiência pessoal e comunitária incontornável, que se transforma em experiência literária verossímil na sua plenitude dramática e na sua realidade "local-nacional-transnacional", em que tais dimensões são inseparáveis.

Ou, para retornar à sua dissertação de mestrado, cujo título, na verdade, nos propõe uma aporia: "Ultrapassar a terra natal" significa, sem dúvida, retornar a ela sempre, sob as formas sublimadas e paisagens poéticas que a arte literária de um grande escritor é capaz de inventar. "Fome e solidão são os trunfos da minha criação", lê-se como legenda de uma de suas conferências nos EUA. E elas foram, efetivamente, experiências reais de sua infância na distante-próxima Gaomi. Em suma: não há porque duvidar da memória insubstituível

---

LU XUN. *Kong Yiji y otros cuentos*; LU XUN. *The real story of Ah-Q and other tales of China*.

[26] CHENGZHOU, He. In: DURAN, Angelica; YUHAN, Huang (Ed.). *Mo Yan in context*, parte 1, cap. 5.

do seu parto na aldeia, quando, seguindo costume antigo, seu pai forra o chão com terra da rua para que o recém-nascido se lambuze nela e no sangue da mãe. Essas boas-vindas ao mundo inauguram uma vida literária para sempre inspirada nesse chão de terra e sangue.[27]

Jia Zhangke e o realismo fantasmagórico

Entre todos os cineastas chineses que têm representado, desde o final dos anos 1980 até o presente século, as crescentes e velozes transformações das paisagens urbanas na China, sem dúvida Jia Zhangke tem se destacado como dos mais inventivos criadores. As imagens reunidas de seus filmes constituem, em seu conjunto, um arquivo notável de

---

[27] Cf. MO YAN. *Dépasser le pays natal: quatre essais sur um parcours littéraire*, parte 1 e parte 4. Acreditamos ser improcedente a ideia de uma literatura "apocalíptica", como sugere Jeffrey Kinkley ("Modernity and apocalypse in Chinese novels from the end of the twentieth century"), para definir a obra de Mo Yan, mesmo suas narrativas tidas como mais "brutais", como *As baladas do alho*, *Peito grande, ancas largas*, *O suplício do aroma de sândalo*, *A vida e a morte estão me desgastando*, *A República do vinho* ou *Canteiro de obras*. Também não convencem as duas leituras polarizadas de Shelley Chan (*A subversive voice in China: the fictional world of Mo Yan*), caracterizando-a como "voz subversiva" ou, no oposto, Jerry Xie (*Mo Yan thought: six critiques of hallucinatory realism*), criticando um pretenso "pensamento" do autor, em torno ao "realismo alucinatório", como uma "atitude nebulosa". A nosso ver, o melhor conjunto de críticas disponíveis no Ocidente à ficção de Mo Yan encontra-se no ensaio de Zhang Yinde (*Mo Yan, le lieu de la fiction*) e nas atas de um colóquio internacional na França, que ele organizou com Xu Shuang e Noël Dutrait (*Mo Yan, au croisement du local e de l'universel*).

representações, tanto em ficção quanto em documentário, das transformações geográfica, histórica, social, econômica, cultural mais profundas, aceleradas e concentradas num só país, de que se tem notícia desde os primórdios da Revolução Industrial na Inglaterra.

O artista, nascido em 1970 na pequena cidade de Fenyang,[28] província de Shanxi, norte da China, foi responsável por alçar sua terra natal a um reconhecimento inaudito. Isso foi obtido, de início, no espaço nacional, a partir de toda a sequência que abre sua filmografia, rodada em grande parte em cenários locais – lembremo-nos dos seus magistrais longas-metragens de estreia, *Xiao Wu* e *Plataforma*, a que eu acrescentaria a estranheza árida do seu terceiro filme, *Prazeres desconhecidos*, este rodado em Datong,[29] cidade histórica do extremo-norte da mesma província.[30] Mas, também, logo depois, em escala internacional, a partir de sua

---

[28] Para os padrões demográficos chineses, podemos considerar que os cerca de 450 mil habitantes de Fenyang classificam-na como "pequena cidade". No Brasil, seria uma cidade média. A população urbana na China superou oficialmente a rural desde 2011, chegando a cerca de 60%. Este número, entretanto, poderá ser subestimado, já que muitas vezes os censos se baseiam no *hukou*, espécie de passaporte interno que registra o local de origem dos habitantes, como forma de controlar o fluxo de migrantes internos, sobretudo do êxodo rural. Esse documento se mantém, mas a migração foi flexibilizada nas últimas décadas por razões do *boom* na urbanização. Assim, há sempre uma decalagem entre o registro no *hukou* e a locação real dos habitantes.

[29] Datong, também em Shanxi, com seus aproximadamente 3,3 milhões de habitantes, poderia, no padrão chinês, ser classificada como "cidade média".

[30] Cf. JIA, Zhangke. *Xiao Wu: um artista batedor de carteira*; *Plataforma*; *Prazeres desconhecidos*.

projeção ao ganhar o Leão de Ouro em Veneza, em 2006, com a obra-prima *Em busca da vida* (rodado em cenário de obras da construção da hidrelétrica das Três Gargantas no rio Yangtzé, na região central da China). Que teve, nos seus desdobramentos diretos, a vinda do cineasta a São Paulo e sua participação na Mostra Internacional de Cinema de 2007, incluindo retrospectiva a ele dedicada, e sua aproximação com Walter Salles, culminando no abrangente documentário do diretor brasileiro, *Jia Zhangke, um homem de Fenyang*, concluído em 2014.[31]

Sem dúvida, a partir do filme *O Mundo*, de 2004 – feito em torno de trabalhadores de um parque temático no extremo-sul de Pequim, especializado em réplicas de monumentos famosos de todos os continentes –, a obra do cineasta ganha uma inflexão, digamos, cosmopolita, fincada, porém, nos dramas mais sentidos e nos personagens mais representativos do povo chinês. Acompanha, com rara sensibilidade, essa sucessão de metamorfoses que, em seu ritmo vertiginoso, carregam as marcas de paisagens que se desfazem, o desejo de mundos transitáveis diante do desmonte de cidades e ilusões, diante do mundo como cenário e encenação, enfim, diante da incerteza de todos os rumos. A grande hidrelétrica emergindo no rio gigante e engolindo antigas cidades é a locação única de um espaço-tempo que rompe cronologias e geografias e, literalmente, nos aterra e nos afoga. Ao registrar, num curta-metragem, a pintura do artista Dong como crônica da demolição, o

---

[31] Cf. JIA, Zhangke. *Em busca da vida;* FRONDON, Jean-Michel; SALLES, Walter (Org.). *O mundo de Jia Zhangke*; SALLES, Walter. *Jia Zhangke, um homem de Fenyang.*

cineasta resolve, rapidamente, converter aquele cenário em personagem central de *Em busca da vida*.[32]

Qual a razão, afinal, para o grande impacto que Jia teve, não só mundialmente, mas, em especial, no Brasil, a ponto de dois de seus maiores especialistas serem pesquisadores e docentes em universidades brasileiras – Cecília Mello (USP) e Camilo Soares (UFPE)?[33] Isso, para não mencionar o documentarista Walter Salles. Tenho para mim que há uma identidade quase imediata entre as imagens chinesas de Jia Zhangke e as cenas contemporâneas de muitas metrópoles brasileiras. Desse modo, seus filmes "batem" de modo muito contundente aqui, em nossa "terra em transe", em nosso cotidiano fantasmagórico, em nossa superposição também estonteante de espaços-tempos simultâneos e fusionados.[34] Seja na versão de um realismo ancorado fortemente na memória, como analisado por Cecília Mello, que também recupera noções instáveis para fixar essa nova filmografia da "cidade real", entre as quais: deslocamento, efemeridade, heterotopia; seja na versão paradoxal introduzida por Soares a respeito de um "espaço imaterial" na obra de Jia, em que pese justamente a concretude tantas vezes documental de seus registros – estamos, por assim dizer, imersos no que

---

[32] Cf. JIA, Zhangke. *Dong*; JIA, Zhangke. *Em busca da vida*.

[33] Cf. MELLO, Cecília. *The cinema of Jia Zhangke: realism and memory in Chinese film*; MELLO, Cecília Antakly de. *A cidade real no cinema: deslocamento, efemeridade, heterotopia*; SOARES, Camilo. "Deslocamentos marginais na China contemporânea nos filmes de Jia Zhangke"; SOARES, Camilo. *L'espace immatériel dans le cinéma de Jia Zhangke: une politique du regard*.

[34] HARDMAN, Francisco Foot. "A China e os nossos mundos".

outro estudioso deste cineasta, o chinês Zhang Xudong, chamou apropriadamente de "poética da desaparição".[35]

Se em sociedades como a China e o Brasil a memória coletiva assume quase sempre um caráter fantasmagórico, devemos concluir esta seção ressaltando a maestria de Jia ao tratar desse aspecto em três filmes bem diversos entre si: *24 City*, *Cry me a river* e *Memórias de Xangai*. Se o último deles é um documentário longo, retomando personagens de vários estratos sociais e que reconstituem épocas anteriores de Xangai, repondo no presente da megalópole cosmopolita os ecos de seu passado neocolonial, *Cry me a river*, curta-metragem, seria mais bem definido como um docudrama. Nele, dois jovens casais voltam à cidade-museu de Shuzhou, lindíssima por seus canais e jardins chineses clássicos preservados, e rememoram retalhos de sua vida estudantil de mais de uma década atrás. "Nada será como antes", e o choque dos desencontros é ainda maior nessa cidade-cenário de paisagens antigas. Já *24 City* passa-se na cidade de Chengdu, no sudoeste da China e utiliza, também, técnicas de docudrama, em que intercala habitantes comuns com atores conhecidos. Ao narrar o fechamento de uma grande indústria estatal de armamentos, que funcionou na cidade por décadas e empregava mais de 400 operários, vê o drama humano de sua desativação e demolição em contraste com um novo condomínio habitacional de classe média alta que ali se ergue (e que dá título ao filme). Não há redenção possível nessas memórias, pois seu trabalho é o

---

[35] ZHANG, Xudong. "Poética da desaparição: os filmes de Jia Zhangke".

de desvelar o choque de paisagens, não só entre presente e passado, mas entre o interior e o exterior dos personagens.

Nesse sentido, Jia Zhangke não é um memorialista da reconstituição do tempo, mas, antes, um cronista de sua evanescência nos espaços voláteis e instáveis das transições contemporâneas na China. Ou, nas palavras sábias de Granet: "Na base dos paradoxos inspirados na ideia de que tudo é mudança, mas de que a mudança (e, por conseguinte, o movimento) é impossível, surge um *realismo mágico* ao qual está diretamente ligado o *realismo abstrato* dos dialéticos"[36] (aqui, de inspiração taoísta).

Realismo fantasmagórico que, no que tange à representação das amplitudes espaciais externas, segundo o próprio cineasta, deve muito à cinematografia de Michelangelo Antonioni. O grande mestre italiano que, vale recordar, rodou, em 1972, na China, um monumental documentário de cerca de três horas e meia dedicado ao país, em plena efervescência dos anos da Revolução Cultural: *Chung Kou, Cina*. Obra que tendo sua exibição proibida lá, por longo tempo, foi recentemente revisitada por uma jovem cineasta chinesa, Zhu Yun, em filme média-metragem feito para uma série na TV intitulado: *Seeking Chung Kuo* (2019). No quase meio século transcorrido, houve mudança completa de paisagens, algo que já me havia sido advertido, na *Cineteca* de Bolonha, em 2013, por um jovem pós-graduando da China.[37] O mais incrível e comovente, nesse cenário

---

[36] GRANET, Marcel. *O pensamento chinês*, p. 269-270.

[37] Sou grato ao pesquisador Li Guangle pelos diálogos travados, pela generosa recepção que me proporcionou em Dandong, província

inteiramente diverso, é o reencontro, pela equipe de Zhu Yun, de vários personagens que haviam sido filmados por Antonioni. Que sempre guardou as melhores memórias da China, para onde jamais retornou. Mas cuja luz do céu, em Pequim, ou certo horizonte amplo, no interior, era capaz de entrever, muitas vezes, ao olhar certas paisagens na Sardenha ou na Sicília. Simultaneísmos e fusões.

O planeta China e o planeta Terra: haverá lugar para a ópera da harmonia?

Vamos pegar leve? Diante dos tempos sinistros que acometem o mundo atual, recomenda-se tranquilidade, sem prejuízo das guerras que temos que cotidianamente travar. Começarei com as linhas cruzadas da melhor arte de caricaturas que dois chargistas notáveis, separados por mais de quarenta anos, foram capazes de oferecer, com seus olhos voltados para as afinidades e diferenças entre Oriente-Ocidente-Oriente. Refiro-me aos trabalhos do genial desenhista-narrador brasileiro Henfil, sob impacto da viagem que fez à China em 1977; e às imagens delicadamente irônicas que a artista chinesa Siyu Cao, nascida em Pequim nos anos 1980 e radicada há vários anos em Paris, é capaz de mostrar em suas tiras e álbuns, a propósito desse diálogo intercultural permanente sobre os traços que nos distinguem, mas, ao mesmo tempo, nos reúnem.

---

de Liaoning, fronteira da Coreia do Norte, na foz do rio Yalu, no outono de 2019; e pela valiosa referência e link do documentário de Zhu Yun.

Henfil foi um dos cartunistas mais importantes no Brasil, ligados ao jornal de humor *Pasquim*, que criticaram a ditadura militar, mediante linguagem alusiva e personagens irreverentes. De sua visita à China, resultou um romance em quadrinhos, onde as estranhezas do choque cultural se convertem em convite à amizade e à troca de "traços" que aproximam, de identidades que facilmente se juntam e se dissolvem no espírito da solidariedade internacional. Siyu Cao, quase meio século depois, "invade" a Europa e postula uma nova unidade Oriente-Ocidente simétrica e, para tal, não dissimulada diante das diferenças, mas expondo-as sob o riso de uma imaginação desabrida, desbragada, desenfreada, três palavras que se podem buscar para bem traduzir o sentido do título em francês do seu excelente álbum: *Débridée*.[38]

Do Brasil, refiro, ainda, mais dois olhares lúcidos e contemporâneos na busca do diálogo transcontinental, aberto a todas as possibilidades de trocas, que se pode acompanhar nos belos filmes-documentários de Milena de Moura Barba, *Canções em Pequim* (2018), e de Marcelo Machado, *A ponte de bambu* (2020). No primeiro, o método Eduardo Coutinho escava cantores-narradores surpreendentes, na capital chinesa. No segundo, a redescoberta da trajetória pioneira do radiojornalista Jayme Martins e família, em Pequim, desde os anos 1960.[39]

---

[38] Cf. CAO, Siyu. *Débridée: le monde vu par mes yeux chinois*; HENFIL. *Henfil na China: antes da Coca-Cola*.

[39] Cf. BARBA, Milena de Moura. *Canções em Pequim;* MACHADO, Marcelo. *A ponte de bambu.*

Diante da emergência socioambiental planetária, porém, haverá tempo para que a "multilateralidade" de espaços-tempos se converta em um mundo mais habitável, harmônico, igualitário? Que o "multi" seja efetivamente multi-inter-trans e não simplesmente "uni", o que significa uma palavra traída e vazia? Haverá condições de diálogo efetivo no rumo de uma paz mundial que supere todas as boas intenções? Será possível projetar uma governança global voltada não para os descaminhos do Deus-Capital, mas para os povos abandonados que se espalham pela Mãe-Terra, a cada dia mais escassa da água que é pão, da água que é leite, da água que é seiva em cada chão e em cada corpo?

Na encruzilhada de tantos desequilíbrios, a imaginação poético-narrativa do "maravilhoso" de Mo Yan, as imagens surreais de paisagens em metamorfose acelerada de Jia Zhangke e tantas outras experiências de escritores e artistas têm sido capazes de figurar novas utopias em que esperança, igualdade e solidariedade não sejam apenas palavras vazias. O elo perdido de nossas culturas, sempre reatado quando a desigualdade dos espaços-tempos se combina, seja pelo reconhecimento e vivência de seus simultaneísmos, seja pelas fusões intercambiáveis de forma e matéria, quando tudo parece perdido, recompõe-se na busca de harmonias.

Dada a extensão continental de seu território, a escala expandida e elevadíssima de sua população, os recursos notáveis de infraestrutura e riqueza nacional, a China passa a ser, queiram ou não seus críticos ou inimigos, o fiel da balança num mundo cambiante. Há que apostar que prevaleça o sentido maior de comunidade sobre a Terra, como nossos ancestrais, na China ou na América Latina, no Oriente ou no Ocidente, ensinaram por dias e noites e séculos a seus descendentes. E, de lá, de espaços-tempos imemoriais, poderá advir o sentido do tempo de agora, e de cada um dos lugares que podemos chamar de aqui. Aposta difícil? Sim, toda aposta que vale a pena tem sua imensa nuvem de imprevisão. Mas, não apostar nessa perspectiva, é fazer o jogo do puro mercado, da autonomização desumana das máquinas e das corporações financeiras descoladas do real, ou melhor, coladas num "real" que equivale à destruição de povos e ambientes, e que têm contribuído para crescentes cataclismos planetários. Não, não queremos a violência dos profetas de apocalipses distópicos, nem o cinismo ou hipocrisia de espetáculos fátuos.

Uma imagem final: no belo filme *Viver para cantar* (2019), de Johnny Ma, uma ópera tradicional na cidade de Chengdu, capital da província de Sichuan (mesmo espaço urbano de *24 City*, de Jia Zhangke, hoje com mais de 16 milhões de habitantes), recebe ordem de despejo de seu velho teatro de ensaios e espetáculos. É mais uma demolição que se avizinha, para renovação urbana e imobiliária de um antigo bairro. Cena corriqueira naquela metrópole, entre tantas outras. Para além do drama de personagens, entre integrantes da trupe, espectadores em declínio e autoridades municipais insensíveis, o final do filme joga com um plano onírico, quando atrizes e atores da ópera visitam o terreno que restou depois da derrubada do prédio, e ensaiam, ali mesmo, ao ar livre, os cantos e os gestos que por tanto tempo souberam representar. Real-maravilhoso. Real-mutante. Real-permanente. Real ao alcance das mãos e das vozes que fluem no breve espaço-tempo de uma vida. Ou de uma arte: de sua melhor e única imitação possível.

Nossa luta: por uma nova globalização, por novas autoconsciências culturais que fujam do pensamento único.[40] Que perseguindo ou traçando o caminho do meio – caminho da harmonia com a natureza planetária e entre povos e pessoas – deem as cartas às vidas que importam, na China, no Brasil e no mundo.[41]

Referências

AI QING. "Remembering the Tianshan Mountains (By way of introduction)". In: *Tianshan*. Urumqi: Xinjiang People's Publishing House, 1980.

AI QING. *Viagem à América do Sul*. (Ed. bilíngue). Org. de F. Foot Hardman. Trad. de Fan Xing. São Paulo: Ed. Unesp, 2019.

---

[40] Cf. SANTOS, Milton. *Por uma outra globalização: do pensamento único à consciência universal*; FEI, Xiaotong. *Globalization and cultural self-awareness*.

[41] Este ensaio está vinculado ao projeto "O desigual e o combinado em tempos globais: por uma literatura mundial dos refugiados", desenvolvido, desde março de 2019, com bolsa de pesquisador 1-A do CNPq, a quem agradeço pelo suporte. Na Unicamp, este trabalho associa-se ao núcleo Exodus, do Instituto de Estudos da Linguagem, cadastrado como Grupo de Pesquisa no CNPq. No âmbito da Universidade de Pequim (PKU), registro meus agradecimentos aos colegas Min Xuefei, Fan Xing e Hu Xudong, pelo acolhimento generoso e solidário. Agradeço igualmente, por todo apoio, à pesquisadora pós-doutoral Ma Lin e à jovem doutora Lúcia Anderson da Ferreira da Silva. E, *last but not least*, aos meus queridos 14 alunos concluintes da turma de 2016 do curso de graduação em Língua Portuguesa e Literaturas de Língua Portuguesa da Escola de Línguas Estrangeiras da PKU, que renovaram, em tempos difíceis, minhas melhores esperanças numa educação transformadora.

ANAGNOST, Ann. *National past-times: narrative, representation, and power in Modern China*. Durham: Duke University Press, 1997.

BUCK, Pearl S. *A boa terra*. São Paulo: Abril Cultural, 1981.

CAO, Siyu. *Débridée: le monde vu par mes yeux chinois*. Paris: Éditions des Équateurs, 2019.

CARPENTIER, Alejo. *A literatura do maravilhoso*. São Paulo: Vértice, 1987.

CARPENTIER, Alejo. *Visão da América*. São Paulo: Martins, 2006.

CHUANG, Tzu; LIÉ, Tzu. *A borboleta voando no vazio: um encontro com as raízes do taoísmo*. Lisboa: Dinalivro, 2014.

DAVIDSON, Neil. *Desenvolvimento desigual e combinado: modernidade, modernismo e revolução permanente*. São Paulo: Ed. Unifesp, 2020.

FEI, Xiaotong. *From the soil: the foundations of Chinese society*. Pequim: Foreign Language Teaching and Research Press; Oakland: University of California Press, 1992.

FEI, Xiaotong. *Globalization and cultural self-awareness*. Montreal: Royal Collins, 2021 (no prelo).

FREYRE, Gilberto. *China tropical: e outros escritos sobre a influência do Oriente na cultura luso-brasileira*. 2. ed. São Paulo: Global, 2011.

GAT, Azar; YAKOBSON, Alexander. *Nations: the long history and deep roots of political ethnicity and nationalism*. Cambrigde: Cambridge University Press, 2013.

GRANET, Marcel. *O pensamento chinês*. Rio de Janeiro: Contraponto, 1997.

HARDMAN, F. Foot. "Brasil-China-Macau: diálogos transculturais". In: PAZOS-ALONSO, Cláudia *et al.* (Ed.). *Sobre orientalismos (De Oriente a Ocidente: estudos da Associação Internacional de Lusitanistas)*. Coimbra: Angelus Novus, 2019, p. 125-140. v. 1.

HARDMAN, F. Foot. "Ilusões geográficas: sobre a volubilidade da noção de periferia no espaço-tempo global". *Letterature D'America,* Roma, v. 161, p. 5-18, 2016.

HARDMAN, F. Foot. "Maria Martins e o 'Planeta China': a visita de uma artista brasileira à República Popular da China em 1956". Campinas: Unicamp; Pequim: Minsheng Museum of Modern Art, 2017. (Texto de palestra inédito.)

HARDMAN, F. Foot. "Minha China tropical". *Revista Z Cultural,* Rio de Janeiro, v. 15, p. 3, 2020.

HARDMAN, F. Foot. *Meu diário da China: a China real aos olhos de um brasileiro.* (Ed. bilíngue ilustr.). Pequim: PKU Press, 2021.

HENFIL. *Henfil na China: antes da Coca-Cola.* 6. ed. Rio de Janeiro: Codecri, 1981.

JULLIEN, François. *A propensão das coisas: por uma história da eficácia na China.* São Paulo: Ed. Unesp, 2017.

JULLIEN, François. *Les transformations silencieuses.* Paris: Grasset, 2009.

JULLIEN, François. *On the Universal: the uniform, the common and dialogue between cultures.* Cambridge: Polity Press, 2014.

JULLIEN, François. *Processo ou criação: uma introdução ao pensamento dos letrados chineses.* São Paulo: Ed. Unesp, 2018.

LAOZI. *Dao De Jing: Escritura do Caminho e Escritura da Virtude com os comentários do Senhor às margens do rio.* São Paulo: Ed. Unesp, 2016.

LEITE, José Roberto Teixeira. *A China no Brasil: influências, marcas, ecos e sobrevivências chinesas na sociedade e na arte brasileiras.* Campinas: Ed. Unicamp, 1999.

LEONARDI, Victor. *Os navegantes e o sonho: presença do Oriente na história do Brasil.* Brasília: Paralelo 15, 2005.

LI, Changsen (Ed.). *O mundo de escultura de Wu Weishan.* Macau: Instituto Politécnico de Macau, 2017.

LOU SIN (aliás, LU XUN). *Nouvelles choisies.* Pequim: Éditons em Langues Étrangeres, 1974.

LU XUN. *Diario de um demente y otros cuentos.* Madri: Editorial Popular, 2008.

LU XUN. *Ervas silvestres.* Lisboa: Cotovia, 1997.

LU XUN. *Kong Yiji y otros cuentos.* Santiago de Chile: Lom Ediciones, 2015.

LU XUN. *The real story of Ah-Q and other tales of China.* Londres: Penguin Books, 2009.

MARTINS, Maria. *Ásia Maior: o Planêta China.* Rio de Janeiro: Civilização Brasileira, 1958.

MELLO, Cecília Antakly de. *A cidade real no cinema: deslocamento, efemeridade, heterotopia.* Tese (Livre-Docência) – Escola de Comunicações e Artes, Universidade de São Paulo, São Paulo, 2020.

POMAR, Wladimir. *A revolução chinesa.* São Paulo: Ed. Unesp, 2004.

SANTOS, Milton. *Por uma outra globalização: do pensamento único à consciência universal.* Rio de Janeiro: Record, 2000.

SILVA, Lúcia Anderson Ferreira da. *Executivos brasileiros na China: adaptação e dificuldades em empresas brasileiras.* Tese (Doutorado) – Instituto de Filosofia e Ciências Humanas, Universidade Estadual de Campinas, Campinas, 2020.

YAO, Feng; BONVICINO, Régis (Org.). *Um barco remenda o mar: dez poetas chineses contemporâneos.* São Paulo: Martins, 2007.

De e sobre Mo Yan

CHAN, Shelley W. *A subversive voice in China: the fictional world of Mo Yan.* Amherst, NY: Cambria Press, 2011.

DURAN, Angelica; YUHAN, Huang (Ed.). *Mo Yan in context.* West Lafayette: Purdue Univ. Press, 2014.

KINKLEY, Jeffrey C. "Modernity and apocalypse in Chinese novels from the end of the twentieth century". In: LAUGHLIN,

Charles A. (Ed.). *Contested modernities in Chinese literature*. Nova York: Palgrave Macmillan, 2005, p. 101-120.

MO YAN. *¡Boom!* Madri: Kailas, 2013.

MO YAN. *As rãs.* São Paulo: Companhia das Letras, 2015.

MO YAN. *Dépasser le pays natal: quatre essais sur um parcours littéraire.* Paris: Éditions du Seuil, 2015.

MO YAN. *El clan de los herbívoros.* Madri: Kailas, 2018.

MO YAN. *El rábano transparente.* Madri: Kailas, 2017.

MO YAN. *El suplicio del aroma de sândalo.* Madri: Kailas, 2014.

MO YAN. *Grandes pechos amplias caderas.* Madri: Kailas, 2013.

MO YAN. *La república del vino.* Madri: Kailas, 2013.

MO YAN. *La vida y la muerte me están desgastando.* Madri: Kailas, 2013.

MO YAN. *Las baladas del ajo.* Madri: Kailas, 2013.

MO YAN. *Mudança.* São Paulo: Cosac Naify, 2013.

MO YAN. *Radish.* Melbourne; Pequim: Penguin Books, 2014.

MO YAN. *Red Sorghum.* Nova York: Penguin Books, 1994.

MO YAN. *Trece passos.* Madri: Kailas, 2015.

MO YAN. *Una carretera en obras.* Madri: Kailas, 2019.

PÉCORA, Alcir. "Nobel chinês Mo Yan cria trama picaresca com tempero poético". *Folha de S.Paulo* [Caderno Ilustrada], 05 out. 2015.

XIE, Jerry. *Mo Yan thought: six critiques of hallucinatory realism.* Frankfurt: Peter Lang, 2017.

ZHANG, Yinde. *Mo Yan, le lieu de la fiction.* Paris: Éditions du Seuil, 2014.

ZHANG, Yinde; XU, Shuang; DUTRAIT, Noël (Ed.). *Mo Yan, au croisement du local e de l'universel.* Paris: Éditions du Seuil, 2016.

Filmografia

ANTONIONI, Michelangelo. *Chung Kuo, Cina*. Itália, 1972. Documentário. 220 min.

BARBA, Milena de Moura. *Canções em Pequim*. China, Brasil. 2018. Documentário. 79 min.

BERTOLUCCI, Bernardo. *O último imperador*. China, Itália, França, Reino Unido, Hong Kong. 1987. Drama. 165 min.

BI, Gan. *Longa jornada noite adentro*. China, França. 2018. Drama. 140 min.

CHEN, Kaige. *A vida sobre um fio*. China, 1991. Drama. 110 min.

CHEN, Kaige. *Adeus, minha concubina*. China, Hong Kong. 1993. Drama. 165 min.

CHEN, Kaige. *Terra amarela*. China, 1984. Drama musical. 89 min.

HU, Bo. *Um elefante sentado quieto*. China, 2018. Drama. 234 min.

MA, Johnny. *Viver para cantar*. China, França. 2019. Drama. 105 min.

MACHADO, Marcelo. *A ponte de bambu*. Brasil, 2020. Documentário. 77 min.

ZHANG, Yimou. *Lanternas vermelhas*. China, 1991. Drama. 126 min.

ZHANG, Yimou. *Nenhum a menos*. China, 1999. Drama.

ZHANG, Yimou. *O caminho para casa*. China, 1999. Drama. 89 min.

ZHANG, Yimou. *Sorgo vermelho*. China, 1987. Drama. 91 min.

ZHANG, Yimou. *Tempo de viver*. China, Hong Kong. 1994. Drama. 125 min.

ZHU, Yun. *Seeking Chung Kuo*. China, 2019. Documentário. 47 min.

De e sobre Jia Zhangke

FIANT, Antony. *Le cinéma de Jia Zhang-ke: No future (made) in China*. Rennes: Presses Universitaires de Rennes, 2009.

FRONDON, Jean-Michel. *Le monde de Jia Zhang-ke*. Crisnée: Yellow Now, 2016.

FRONDON, Jean-Michel; SALLES, Walter (Org.).*O mundo de Jia Zhangke*. São Paulo: Cosac Naify, 2014.

HARDMAN, Francisco Foot. "A China e os nossos mundos". *O Estado de S.Paulo*. [Caderno Aliás], 4 nov. 2007, p. 207.

JIA, Zhangke. *24 City*. China, Japão. 2008. Drama. 112 min.

JIA, Zhangke. *Amor até as cinzas*. China, 2018. Drama. 141 min.

JIA, Zhangke. *Cry me a river*. China, Espanha, França. 2008. Drama. 20 min.

JIA, Zhangke. *Dong*. China, 2006. Documentário. 66 min.

JIA, Zhangke. *Em busca da vida*. China, 2006. Drama. 108 min.

JIA, Zhangke. *Inútil*. China, 2007. Documentário. 80 min.

JIA, Zhangke. *Memórias de Xangai*. China, Holanda. 2010. Documentário. 138 min.

JIA, Zhangke. *Plataforma*. China, Hong Kong, Japão, França. 2000. Drama. 193 min.

JIA, Zhangke. *Prazeres desconhecidos*. China, Japão, França, Coreia do Sul. 2002. Drama. 113 min.

JIA, Zhangke. *Um toque de pecado*. China, Japão. 2013. Drama. 128 min.

JIA, Zhangke. *Xiao Wu: um artista batedor de carteira*. China, 1997. Drama. 108 min.

JIA, Zhangke.*O Mundo*. China, Japão, França. 2004. Drama. 133 min.

MELLO, Cecília. *The cinema of Jia Zhangke: realism and memory in Chinese film*. Londres: Bloomsbury, 2019.

OUNOURI, Damien. *Jia de volta pra casa.* França. 2007. Documentário. 52 min.

SALLES, Walter. *Jia Zhangke, um homem de Fenyang.* Brasil. 2014. Documentário. 105 min.

SOARES, Camilo. "Deslocamentos marginais na China contemporânea nos filmes de Jia Zhangke". In: BIRMAN, D; HARDMAN, F. F. (Org.). *Exodus: deslocamentos na literatura, no cinema e em outras artes.* Belo Horizonte: Relicário, 2020, p. 33-45.

SOARES, Camilo. *L'espace immatériel dans le cinéma de Jia Zhangke: une politique du regard.* Paris: L'Harmattan, 2020.

ZHANG, Xudong. "Poética da desaparição: os filmes de Jia Zhangke". *Novos Estudos Cebrap,* São Paulo, n. 89, mar. 2011, p. 71-87.

6
Civilização ecológica ou colapso ambiental?

Luiz Enrique Vieira de Souza

Em entrevista concedida à revista alemã *Der Spiegel*, em março de 2005, Pan Yue, então representante do Ministério do Meio Ambiente da China, delineou um prognóstico pouco otimista em relação ao crescimento econômico de seu país: "o milagre chinês acabará logo". Embora se mostrasse satisfeito com a elevação sem precedentes do PIB desde a abertura promovida por Deng Xiaoping, suas preocupações recaiam sobre os enormes custos socioambientais do modelo de desenvolvimento implementado pelo Partido Comunista da China (PCCh) e sobre o potencial de instabilidade política que adviria desse iminente colapso ecológico.

Pan Yue respaldou seus argumentos no fato de que a qualidade das águas e do ar acarretava crescentes prejuízos à economia, sendo que um terço do território chinês registrava a precipitação de chuvas ácidas. Lembrou que a metade das águas dos sete principais rios do país encontrava-se severamente poluídas e que um quarto dos cidadãos chineses não possuía acesso à água potável. Além disso, citou as consequências da poluição do ar nas grandes cidades para a saúde dos seus habitantes e afirmou que cerca de 80% dos casos malignos de câncer eram provocados por fatores ambientais. Segundo Pan Yue, a China poderia ter que se haver com nada menos que 150 milhões de refugiados ambientais, caso não reformulasse o modelo de governança segundo o qual o desempenho econômico figurava como única medida de avaliação das autoridades locais e critério quase que exclusivo para sua promoção no interior da hierarquia partidária.[1]

A relevância histórica do alerta de Pan Yue pode ser atestada pela onda de protestos ambientalistas que vem reconfigurando a paisagem política da China desde meados dos anos 2000. Com efeito, os descontentamentos relacionados com a poluição tornaram-se um dos principais catalisadores dos conflitos políticos, juntamente com a percepção popular sobre a "corrupção dos oficiais" e as medidas de expropriação de terras.[2] De acordo com o *South China Morning Post*,[3] os protestos ambientais aumentaram cerca de 30% ao ano desde 1996 e 120% entre 2010 e 2011. Levando-se em consideração unicamente o ano de

---

[1] Cf. PAN, Y. "The Chinese Miracle Will End Soon. Interview with China's Deputy Minister of the Environment".

[2] Cf. MÜLHHAHN, K. "Can Environmental Activism Succeed in China?"; STEINHARDT, H. C.; WU, F. "In the Name of the Public: Environmental Protest and the Changing Landscape of Popular Contention in China".

[3] Cf. KENNEDY, J. "Environmental Protests in China on Dramatic Rise, Expert Says".

2005, foram registrados 50.000 protestos dessa natureza, segundo dados oficiais da própria *Administração Estatal de Proteção ao Meio Ambiente*.[4]

Nesse sentido, um caso emblemático das implicações políticas da degradação ambiental na China diz respeito à massiva resistência dos habitantes da cidade de Xiamen, localizada na porção sudeste da província de Fujin, contra a instalação de uma indústria de Para-Xileno (PX), um hidrocarboneto aromático com potencial carcinogênico. Tal empreendimento constava entre os sete projetos nacionais de larga escala para a produção de PXs ratificados pela *Comissão Nacional de Desenvolvimento e Reforma* (CNDR), e os investimentos necessários para a construção da fábrica alcançavam a soma de 11 bilhões de Renminbi (RMB).

Apesar da aprovação do Relatório de Avaliação dos Impactos Ambientais pelo órgão competente, a resistência contra o projeto teve início na primavera de 2007, quando Zhao Yufen, professora de química da Universidade de Xiamen, angariou a assinatura de 105 membros da *Conferência Consultiva Política do Povo Chinês* (CCPPC) num documento que reivindicava a realocação do empreendimento em virtude de suas prováveis consequências negativas para a saúde pública. Essa proposta foi amplamente divulgada pela imprensa, além de diversos blogs e *websites*. Na última semana de maio, mensagens de celular viralizaram entre os habitantes de Xiamen, convocando protestos populares contra a "catástrofe que arruinaria o

---

[4] Cf. LYONS, P. *Red Skies: The Impact of Environmental Protests in the People's Republic of China (2004-2016)*.

meio ambiente da bela cidade costeira e tornaria nauseabundas suas doces brisas tropicais".[5]

No dia primeiro de junho, a despeito dos esforços das autoridades governamentais para bloquear o fluxo de informações, milhares de pessoas foram às ruas usando máscaras de gás e empunhando cartazes em defesa do meio ambiente. O protesto se repetiu logo no dia seguinte, e os manifestantes foram reprimidos pela polícia, mas a essa altura o governo já havia sido forçado a recuar por conta da visibilidade e forte pressão popular contra a instalação da fábrica, anunciando a "paralisação temporária" do projeto.

Embora o exemplo de Xiamen não constitua um caso isolado de rechaço a investimentos que trazem consigo altos custos socioambientais, nem sempre a oposição de grupos da população se mostra suficiente para obrigar o governo a recuar de iniciativas que resultam em aumento da poluição local. Por isso, Huang e Sun desenvolveram uma análise comparativa de dez casos em que cidadãos chineses se manifestaram contrariamente à instalação de grandes indústrias que acarretariam danos ecológicos aos seus territórios, concluindo que os fatores cruciais para o atendimento das reivindicações dependem da exposição midiática e de apoio de integrantes das elites políticas.[6]

---

[5] Cf. CHEN, C. J. "Growing social unrest and emergent protest groups in China".

[6] Cf. HUANG, R.; SUN, X. "Dual mediation and success of environmental protests in China: a quantitative comparative analysis of 10 cases".

Uma ampla visibilidade na imprensa atestaria a incapacidade dos governos locais de assegurar a estabilidade política e, por vezes, impeliriam as autoridades centrais a intervir para evitar distúrbios de maiores proporções. Os autores apontam duas variações de cenário que favoreceriam o sucesso das manifestações: (a) quando mobilizações de larga escala contam com apoio da elite política e alta exposição midiática, as concessões podem ser realizadas mesmo se os manifestantes lançarem mão de táticas relativamente moderadas de protesto; (b) quando existe amplo lastro social e exposição midiática, mas falta o suporte da elite política, as reivindicações ainda contam com alguma chance de sucesso se os grupos mobilizados recorrerem a estratégias mais radicais e disruptivas.

De maneira análoga, Yanwei Li e seus colaboradores também realizaram um estudo comparativo de dez protestos contra indústrias poluidoras com o objetivo de identificar os padrões de resposta dos governos locais.[7] Os autores identificaram quatro estratégias diferentes às quais as autoridades das províncias recorreram para lidar com a interpelação de movimentos ambientalistas: (a) ignorar as mobilizações; (b) reprimir os manifestantes; (c) realizar pequenas concessões que atendiam parcialmente as reivindicações; (d) promover grandes concessões, que por vezes significaram o cancelamento dos projetos em questão. Segundo os autores, as três condições mais

---

[7] Cf. LI, Y.; KOPPENJAN, J.; HOMBURG, V. "Governing environmental conflicts: A comparative analysis of ten protests against industrial facilities in urban China".

importantes para que as reivindicações fossem atendidas – seja de maneira parcial ou completa – diziam respeito ao posicionamento de oficiais do alto escalão frente a tais empreendimentos, ao seu estágio de desenvolvimento (sendo mais improvável a vitória nos casos em que as fábricas já se encontravam em construção do que naqueles em que permaneciam apenas como projetos) e à radicalidade dos manifestantes. Fatores como a escala dos protestos, a exposição midiática, o envolvimento de ativistas renomados e a ocorrência de eventos simbólicos também exerceriam alguma influência, mas seriam menos decisivos para influenciar a decisão dos oficiais.

Do ponto de vista institucional, a emergência dos movimentos ambientalistas na China forçou as autoridades centrais a desenvolver narrativas que respaldassem suas estratégias para mitigar os efeitos da poluição e contornar o paulatino esgotamento dos recursos naturais. Desde então, o conceito de "civilização ecológica" (shengtaiwenming 生态文明) tem ganhado centralidade nos debates internos do PCCh sobre as reformas e a formulação de políticas públicas que visam limitar os processos de degradação da natureza. Em termos históricos, essa expressão apareceu pela primeira vez num documento oficial de 2003 que delineava medidas de reflorestamento, mas sua emergência política tem como marco o relatório do então presidente Hu Jintao ao *XVII Congresso do Partido Comunista*, em 2007.

Nesse momento, o conceito ainda figurava como um princípio subordinado à "perspectiva de desenvolvimento científico" (kexuefazhanguan 科学发展观), estabelecida na constituição do PCCh. No entanto, logo no congresso seguinte (2012), o presidente dedicaria uma seção inteira de seu relatório à "construção de uma civilização ecológica", que por sua vez seria elencada entre as cinco principais metas do partido.[8]

Com a ascensão de Xi Jinping e Li Keqiang, o governo chinês continuou a se valer do conceito de "civilização ecológica" para promover avanços na institucionalização da questão ambiental. Em 2013, criou-se a "Força Tarefa para a Promoção do Desenvolvimento Econômico e Civilização Ecológica" como um órgão partidário dedicado à preservação do meio ambiente. No mesmo ano, o governo promulgou a nova "Lei de Proteção Ambiental", que estabelecia marcos legais para a adoção do "princípio da precaução", além de cláusulas para ampliar a transparência dos dados e a participação popular no combate à poluição.[9]

Já em 2018, as autoridades elaboraram uma campanha de inspeção que puniu 29.000 empresas poluidoras, aplicou 1,43 bilhões de RMB em multas, prendeu 1.527 indivíduos e advertiu 18.199 oficiais em todo o país. Paralelamente, Xi Jinping ratificou a "civilização ecológica" como princípio constitucional da República Popular da China e encaminhou uma série de reordenamentos administrativos – como a criação de um Ministério da Ecologia e do Meio Ambiente com forte aparato institucional –, além de dispositivos que tornavam mais rigorosa a fiscalização sobre as autoridades provinciais em relação ao seu desempenho na área ambiental.

---

[8] Cf. GEALL, S.; ELY, A. "Narratives and pathways towards ecological civilization in contemporary China".

[9] Cf. HE, G. *et al.* "Revising China's Environmental Law".

Os esforços de construção da "civilização ecológica" também se expressaram em metas cada vez mais ambiciosas de infraestrutura e modernização industrial desde o *XI Plano Quinquenal* (2006-2010), quando o governo adotou medidas do tipo "*command and control*" que articularam ações de incentivo e punição para aumentar a eficiência energética de seu parque industrial. Paralelamente à concessão de subsídios para a substituição do maquinário mais obsoleto, o governo estabeleceu metas obrigatórias de redução do consumo de energia e o desligamento de 72 GW de usinas termoelétricas movidas a carvão que funcionavam com tecnologias mais atrasadas. Ao final desse processo, a China reduziu sua intensidade energética em 19,1%, evitando que 150 milhões de toneladas de CO_2 fossem lançadas na atmosfera.[10]

No plano quinquenal seguinte (2010-2015), o destaque recaiu sobre a meta de elevar o consumo de energias não fósseis para 15% em 2020. Isso implicou um investimento massivo de capitais nas indústrias fotovoltaica e eólica, que redundou na ascensão do país ao lugar de maior exportador mundial de tecnologias no setor de energias renováveis. Por fim, o décimo terceiro (2016-2020) foi considerado o "mais verde dos planos quinquenais". Sua ênfase consiste na tentativa de promover um maior desacoplamento entre crescimento econômico e as variáveis de impacto ambiental.

---

[10] Cf. SOUZA, L. E. V. "A internalização paradoxal dos critérios de sustentabilidade na formulação das estratégias de Brasil e China para o setor energético".

Para isso, o governo investiu pesado em inovações tecnológicas, com o objetivo de promover uma reestruturação econômica do país, acelerando um processo pelo qual a China deixaria de ser uma nação exportadora de bens industriais de baixo valor agregado, intensivos do ponto de vista da mão de obra e do consumo de recursos naturais para converter-se em *global player* daqueles setores de médio e alto desenvolvimento tecnológico. Nesse sentido, a transição ecológica também seria beneficiada por uma série de medidas coordenadas para induzir uma maior participação relativa do setor de serviços na composição do Produto Interno Bruto (PIB).[11]

Vale salientar que, ao longo desse processo, Xi Jinping atribuiu uma nova conotação à "civilização ecológica". No início dos anos 2000, ela expressava fundamentalmente uma resposta política às falhas do Estado em proteger o meio ambiente e ao risco de que os descontentamentos em relação ao tema prejudicassem a imagem do partido. Não por acaso, Hu Jintao havia conjugado essa ideia ao princípio confuciano de "harmonia entre homem e natureza" (tian ren heyi 天人合一), num momento em que buscava reabilitar o conceito de "sociedade harmoniosa" (hexieshehui 和谐社会) para deslegitimar os protestos sociais emergentes. Já na administração Xi Jinping, a narrativa oficial tomou "civilização ecológica" como um dos fundamentos de uma confiante narrativa sobre a construção do "Sonho Chinês" (Zhongguo meng 中国梦)

---

[11] Cf. NPC. *13th Five-Year Plan*.

e a emergência de uma "Nova Era" (xin shidai 新时代) de rejuvenescimento da nação.[12]

Já no plano externo, essa narrativa busca reforçar a imagem da China como liderança global no combate às mudanças climáticas, particularmente depois que Donald Trump se converteu em expoente do "negacionismo climático" e assumiu as consequências políticas de retirar os EUA do Acordo de Paris. Em setembro de 2020, o presidente Xi Jinping anunciou que a China pretende atingir o pico de emissões de CO2 em 2030 e tornar sua economia "*carbono neutral*", neutra do ponto de vista das emissões de carbono, até 2060.[13] Dessa forma, o presente governo atribui à "civilização ecológica" uma missão em escala global que contribui tanto para aumentar o "*soft power*" chinês como sua participação no mercado internacional de "tecnologias verdes" – uma vez que o país reduziu significativamente nos últimos anos sua dependência em relação à transferência tecnológica dos países desenvolvidos para alcançar a quinta posição em registros de patentes na área ambiental e tornar-se provedor de inovações não apenas entre as nações do Sul Global, mas inclusive entre os mercados do Atlântico Norte.[14]

Num primeiro momento, os consideráveis progressos realizados pela China no campo da eficiência energética,

---

[12] Cf. GORON, C. "Ecological Civilisation and the Political Limits of a Chinese Concept of Sustainability".

[13] Cf. HARVEY, F. "China pledges to become carbon neutral before 2060".

[14] Cf. SOUZA, L. E. V.; CAVALCANTE, A. M. G. "Towards a sociology of energy and globalization: Interconnect edness, capital and knowledge in the Brazilian solar photovoltaic industry".

suas políticas de reflorestamento e incentivo ao desenvolvimento da "economia circular" poderiam levar-nos a crer que a tradução das dimensões normativas do conceito de "civilização ecológica" em políticas públicas de ampla escala teria convertido os prognósticos de Pan Yue sobre os limites ambientais do crescimento chinês numa espécie de pessimismo anacrônico. No entanto, uma avaliação minuciosa da evolução dos indicadores ambientais nesse intervalo requer um distanciamento crítico em relação àquelas narrativas oficiais que apresentam uma enorme lista de modernizações ecológicas como atestado de que a China se encontraria num processo de transição que a resguardaria do colapso ambiental e das consequências políticas imprevisíveis que dele adviriam.

Se as externalidades decorrentes da poluição forem contabilizadas, o crescimento do PIB nos últimos anos teria que ser recalculado para baixo, comprovando que o desenvolvimento econômico mais recente também se efetuou às custas da qualidade ambiental. Apesar dos consecutivos sucessos das metas estabelecidas nos últimos planos quinquenais, dois terços da população chinesa continuam submetidos a níveis extremamente altos de material particulado, sendo que apenas um quarto de suas 338 cidades registraram níveis aceitáveis de SO2, NO2, PM10, PM 2.5, CO e CO2. Em que pese um relativo desacoplamento econômico de algumas das pressões ambientais, o crescimento pantagruélico da China suplantou os benefícios alcançados pelos programas de eficiência no uso da energia e dos recursos. Suas reservas comprovadas de petróleo, gás natural, ferro, cobre e urânio são de baixa qualidade, de modo que o país se encontra numa situação de cada vez maior dependência quanto à importação de matérias-primas para a indústria. Além disso, uma porção significativa de suas terras aráveis está contaminada ou em processo de erosão, obrigando-a também a depender de importações para resolver os desafios relativos à segurança alimentar de sua população.[15]

Em linhas gerais, existem duas grandes vertentes do debate acadêmico que minimizam a dramaticidade dessas contradições. Do ponto de vista ocidental, Arthur Mol e outros expoentes da assim chamada Teoria da Modernização Ecológica (TME) argumentam que a crescente inserção da China na ordem global – especialmente após sua admissão na Organização Mundial do Comércio em 2001 – teria influenciado seu modelo de governança ambiental. Esses autores sublinham que as tendências do mercado internacional teriam levado a China a adaptar-se aos critérios de certificação ambiental, aumentado o interesse dos chineses por métodos mais limpos de produção e contribuído para as iniciativas de "ecologização" da produção industrial.

A despeito dos conflitos inerentes a muitos desses processos, os cientistas chineses teriam encontrado benefícios na assistência de *experts* estrangeiros e retirado lições importantes dos programas de cooperação internacional.

> Mesmo que os processos de modernização política nas diretrizes ambientais da China tenham características diferentes dos países europeus, a direção dessas reformas, no entanto, é similar: maior descentralização e

---

[15] Cf. OECD. *China's Progress Towards Green Growth*.

flexibilidade, ao mesmo tempo em que se distancia de um sistema rígido, hierárquico e baseado nas medidas de "comando e controle" de governança ambiental.[16]

Dessa forma, os autores desconsideram as pesquisas que demonstram que as políticas ambientais na China ainda se baseiam num modelo autoritário de governança em que as metas são estabelecidas pelo governo central e seletivamente implementadas pelos governos locais segundo um sistema ambíguo de recompensas, no qual os benefícios dos incentivos concedidos pelas autoridades centrais são contrabalanceados por disputas de interesses entre quadros partidários e obstáculos interpostos pelas burocracias locais.[17] Por outro lado, em sua tentativa de oferecer um enquadramento alternativo "aos retratos apocalípticos" do meio ambiente na China, Mol e outros expoentes da TME incorrem no pressuposto teleológico que considera irreversível o processo de "ecologização da economia", reproduzindo a premissa controversa de que os mercados supostamente atuariam como vetores da racionalidade ambiental, e relegando ao segundo plano as discussões sobre os limites da resiliência ecológica e a crescente deterioração dos indicadores ambientais, não apenas na China, mas globalmente.[18]

---

[16] Cf. MOL, A. P. J.; CARTER, N. T. "China's Environmental Governance in Transition".

[17] Cf. LI, X. *et al.* "Authoritarian environmentalism and environmental policy implementation in China".

[18] Cf. SOUZA, L. E. V.; FETZ, M.; CAVALCANTE, A. G. M. "Miracle or Mirage? Critical Contributions to the Theory of Ecological Modernization in the Light of the Desertec Project".

Não menos teleológicos e esquivos ao tratamento crítico das contradições ambientais na China são os argumentos de uma vertente do marxismo chinês, fortemente alinhada às narrativas oficiais sobre a construção de uma "civilização ecológica". Essa visão teve como uma de suas expressões o artigo "Ecological Civilisation in China: Challenges and Strategies".[19] Nesse artigo, o autor apresenta a "civilização ecológica" não apenas como um conceito, mas como uma estratégia de ação ancorada nas tradições chinesas em resposta à crise ambiental hodierna, consistindo, a seu ver, numa abordagem teórica e prática superior aos pontos de vista ocidentais da TME e do "marxismo ecológico", tal qual discutido nos trabalhos de Ben Agger, James O'Connor, Joel Kovel and John Bellamy Foster.

> Civilização ecológica refere-se à soma de todas as conquistas civilizacionais que os seres humanos alcançaram ao lidarem com relações interpessoais, povo e sociedade, e especialmente à relação entre povo e natureza. Portanto, não é um conceito independente, mas um rico sistema discursivo; civilização ecológica refere-se não apenas à harmonia entre homem e natureza, mas abarca a direção da civilização no campo do desenvolvimento social.[20]

No que diz respeito às diferenças entre a perspectiva da "civilização ecológica" e aquela defendida pela TME, Zhou afirma que esta não reconhece o modo de produção

---

[19] Cf. ZHOU, X. "Ecological Civilization in China: Challenges and Strategies", tradução do autor.

[20] *Idem*, p. 3.

capitalista como o cerne da crise ambiental e justamente por esse equívoco, expressaria uma atitude demasiadamente otimista face às soluções tecnológicas. Já em relação ao "marxismo ecológico" o autor reconhece que essa corrente teria oferecido uma problematização teórica sobre a ecologia condizente com os pressupostos do materialismo-histórico, mas sua falha consistiria em não se afirmar como "ideologia de um partido proletário".[21] Por fim, Zhou defende a "civilização ecológica" como uma resposta às "teorias eurocêntricas", reafirmando suas afinidades com a identidade e as tradições do povo chinês.

Os equívocos teóricos de Zhou e de outros representantes do marxismo oficial chinês revelam-se, porém, na transposição das inconsistências epistemológicas do materialismo vulgar para a questão ambiental. Por um lado, Zhou abraça uma visão teleológica e mecanicista ao afirmar que "de uma perspectiva prática, a construção da civilização ecológica na China é inevitável",[22] tomando grosseiramente como certo que o governo chinês comprovará sua infalibilidade provendo todas as respostas necessárias para retirar o país do abismo ecológico em que se encontra. Por outro lado, o autor reatualiza os dogmas economicistas e etapistas do marxismo vulgar quando sustenta que "o aumento da produção total proporciona um sólido fundamento econômico para o gerenciamento do meio ambiente e para a construção da civilização ecológica".[23]

---

[21] *Idem*, p. 7.

[22] *Ibidem*.

[23] *Idem*, p. 12.

Os equívocos e insuficiências dos aportes de Mol e Zhou derivam, portanto, não apenas da limitação de seus respectivos esquemas teóricos, mas também de suas posturas acríticas face às contradições do modelo de desenvolvimento chinês. Em contrapartida, Lau Kinchi sustenta que uma compreensão efetiva da crise ecológica atravessada pela China depende da construção de uma abordagem teórico-metodológica que se apoie na "perspectiva dos subalternos".[24] Aos olhos do autor, essa perspectiva consistiria em analisar como os processos de contaminação afetaram de forma desigual os diferentes setores da sociedade chinesa, mas também em demonstrar como as respostas oferecidas pelo governo para enfrentar o problema da poluição na verdade reatualizam essas assimetrias, dando lugar a novos problemas de injustiça ambiental. Para exemplificar seus argumentos, Lau examina em detalhes dois projetos que seriam emblemáticos para revelar os paradoxos subjacentes à construção da "civilização ecológica": a substituição compulsória dos recursos energéticos no norte da China e o "Projeto de Transferência de Água Sul-Norte".

O primeiro caso diz respeito à proposta apresentada no *XII Plano Quinquenal* de eliminar os pequenos incineradores de carvão para fins de aquecimento doméstico até 2017 e assim estabelecer uma "zona livre de carvão" na região de Pequim, Tianjin e mais 26 cidades das províncias de Hebei, Shandong, Shanxi e Henan. Uma vez que boa parte das residências mais dispersas das áreas rurais não dispõe de

---

[24] Cf. KAU K. A "Subaltern Perspective on China's Ecological Civilization".

aquecimento central, eliminar 80% dos pequenos incineradores implicaria que trezentos milhões de cidadãos teriam que ser "urbanizados". Por outro lado, o governo apostava no gás como fonte alternativa de aquecimento para mitigar a poluição do ar, embora a substituição do carvão pelo gás significasse despesas de cerca de seis mil RMB durante os quatro meses de inverno para uma população cujos gastos mensais variam entre seiscentos e mil RMB.

Uma consequência desse projeto foi o aumento insustentável de 134% no consumo de gás, em 2017, na província de Hebei, que a levou a problemas de escassez quanto ao suprimento desse combustível. Assim, o governo viu-se forçado a recuar de sua "luta sem compromissos" contra o carvão e reafirmar o aquecimento doméstico como prioridade, mas a esse ponto uma quantidade significativa de pequenos incineradores já havia sido destruída, e uma porção massiva dos habitantes das pequenas cidades do norte da China teve de suportar, sem aquecimento, o frio congelante do inverno de 2017/2018. "A boa notícia, ao menos para aqueles em condições de prover o aquecimento dos seus lares, foi que a qualidade do ar no norte da China parece ter melhorado."[25]

Quanto ao "Projeto de Transferência de Água Sul-Norte", sua construção iniciou-se em 2002 e tem como objetivo a transposição de águas das áreas mais úmidas ao Sul para abastecer as áreas mais secas do Norte, incluindo Pequim e Tianjin. Trata-se do maior projeto de transposição de águas no mundo e prevê o desvio do curso das águas

---

[25] *Idem*, p. 3.

em três rotas com milhares de quilômetros de extensão, cuja construção deve se estender até meados de 2050, quando então disponibilizará um total de 44,8 bilhões de metros cúbicos de água para as áreas onde a escassez hídrica é mais severa.

Embora o projeto também conte com um amplo programa de descontaminação das águas, ele implicou o reassentamento de mais de trezentas mil pessoas, e apenas no intervalo entre 2002 e 2014 já havia consumido cerca de 80 bilhões de dólares. Segundo Chou Baoxing, que ocupou o segundo posto do Ministério da Construção, um programa capaz de incentivar o reuso de 33% das águas consumidas nas cidades teria um efeito equivalente a todo o suprimento do "Projeto de Transferência de Água Sul-Norte".

> Esse é um clássico exemplo de grandes cidades que promovem o uso insustentável dos recursos hídricos e energéticos. Ao invés de reduzir a população das metrópoles [...] ou encontrar alternativas locais a megaprojetos disruptivos, o desejo humano supremo the dominar a natureza é afirmado e os recursos são mobilizados para atender às necessidades dos centros de poder da nação.[26]

Numa palavra, Lau Kinchi caracteriza a modernização chinesa como um paradigma que nas últimas décadas teria privilegiado a indústria em relação à agricultura, os centros urbanos às áreas rurais e a classe média em detrimento dos subalternos. Os custos dessa "modernização" teriam sido subestimados e legitimados pela "fantasia

---

[26] *Idem*, p. 7, tradução do autor.

da ciência e da tecnologia", representadas como inerentemente progressivas. Os resultados disso explicariam a degradação da natureza e derivariam da "arrogância e vaidade" antropocêntricas que se orientam para o controle e a dominação.[27] Nesse sentido, o conceito de "civilização ecológica", tal qual apresentado nas narrativas oficiais do PCCh, colidiria com as práticas tradicionais coletivas enraizadas nos conhecimentos das comunidades rurais. Sem recair em qualquer romantização das comunidades tradicionais rurais, suas respostas milenares à escassez de recursos com base em critérios de solidariedade poderiam servir para contrabalancear aquelas abordagens autoritárias que desembocam em soluções tecnocráticas e em controversos projetos de geoengenharia que, por sua vez, buscam gerenciar os riscos e a escassez sem questionar os imperativos do crescimento absoluto nem suas consequências em termos de reprodução e ampliação das desigualdades existentes. Assim, o resgate dessas tradições ofereceria alternativas para a recuperação dos ambientes degradados com base em soluções locais e comunitárias.[28]

Embora não tenha sido explorada pelo autor, as contribuições críticas de Lau Kinchi à "civilização ecológica" a partir da "perspectiva dos subalternos" podem ser ampliadas para uma análise dos impactos da China e de seus fluxos ambientais em escala global. De acordo com a narrativa oficial, a construção da "civilização ecológica" consiste num

---

[27] *Idem*, p. 4.
[28] Cf. WEN, T. *et al.* "Ecological Civilization, Indigenous Culture and Rural Reconstruction in China".

objetivo planetário que se traduziria, no plano externo, no fomento à cooperação para o desenvolvimento sustentável com os países do Sul e em medidas destinadas à ecologização das cadeias globais de produção de valor. Trata-se, portanto, de uma plataforma de longo prazo que pretende contribuir para reforçar mecanismos de compartilhamento do conhecimento e da tecnologia, bem como para diminuir as assimetrias quanto ao consumo dos recursos naturais.[29]

No entanto, um estudo mais acurado sobre os fluxos globais de matéria e energia, associados aos seus impactos ambientais e custos sobre a saúde humana, demonstra que a posição ocupada pela China na divisão internacional do trabalho resulta em "intercâmbios ecologicamente desiguais". Segundo Yu Yang e seus colaboradores, as exportações para Europa, Estados Unidos e Japão representam um balanço largamente negativo para a China quanto à produção de SO2, além de implicar a "exportação virtual" de centenas de milhões de metros cúbicos de água e dezenas de milhões de hectares de terra. O mesmo modelo indica que, em suas relações comerciais com os países da África, América Latina, Leste Europeu e Sudeste Asiático, a posição da China se inverte e ela passa a figurar como "importadora virtual" de terras e água.[30] Isso quer dizer que os países desenvolvidos externalizam impactos ambientais ao consumir produtos manufaturados na China, ao mesmo tempo que seu padrão de comércio acarreta degradação e

---

[29] Cf. CCICED. *Ecological Civilization in China and the World.*
[30] Cf. YU, Y.; FENG, K.; HUBACEK, K. "China's unequal ecological Exchange".

depleção dos recursos naturais nos países que se especializaram na exportação de *commodities*.[31]

Essas relações de assimetria tornam-se evidentes, por exemplo, ao se levar em conta a posição do Brasil enquanto parceiro estratégico para a garantia da soberania alimentar chinesa. Fearnside e Figueiredo[32] verificaram uma forte correlação positiva entre as importações chinesas de soja e carne bovina e os processos de degradação do cerrado e desmatamento da Amazônia, ao passo que Bombardi[33] chamou atenção para a crescente importância dos asiáticos enquanto fornecedores dos agrotóxicos utilizados nas lavouras brasileiras.

Mesmo que se conceda a devida importância aos programas de cooperação ambiental entre Brasil e China – particularmente na área de energias renováveis –, essa "unidade dos contrários" entre fluxos de modernização ecológica e vetores de degradação ambiental ocorre de maneira desbalanceada, com predomínio dos fatores que implicam em desequilíbrio ecossistêmico.[34] Portanto, não deixa de ser emblemática a omissão do programa de

---

[31] Cf. URBAN, F.; MOHAN, G.; COOK, S. "China as a new shaper of international Development: the environmental implications".

[32] Cf. FEARNSIDE, P. M.; FIGUEIREDO, A. M. R. "China's Influence on Deforestation in Brazilian Amazonia: A Growing Force in the State of Mato Grosso".

[33] Cf. BOMBARDI, L. M. *Geografia do Uso de Agrotóxicos no Brasil e Conexões com a União Europeia*.

[34] Cf. SOUZA, L. E. V.; CAVALCANTE, A. G. M. "A 'unidade dos contrários' na análise dos fluxos e impactos ambientais das relações Brasil-China".

"civilização ecológica" em relação à contribuição chinesa para o colapso de alguns dos principais biomas da América do Sul, nem seu silêncio frente às injustiças ambientais que recaem sobre indígenas, ribeirinhos e demais populações "subalternas" dessa região.

Paralelamente aos impactos ambientais associados aos fluxos de comércio, os investimentos chineses em projetos de infraestrutura nos países do Sul também desencadeiam consequências negativas quanto à preservação dos ecossistemas e modos de vida tradicionais de populações vulneráveis. Em 2013, a gestão Xi Jinping apresentou ao mundo os planos de construção da "Nova Rota da Seda", também denominada "Um Cinturão, Uma Rota" (yidai yilu — 带一路), que envolvem empreendimentos energéticos, ampliação das redes de transporte terrestres e marítimas e ampliação dos parques industriais em mais de sessenta países no Sul e Sudeste Asiático, Ásia Central, Golfo Pérsico, África e Leste Europeu. Vários desses projetos devem ser construídos em áreas de grande valor ambiental, com prejuízos significativos para a biodiversidade na África e no Sudeste Asiático. Nas florestas tropicais, as novas estradas facilitarão o acesso a regiões remotas, acarretando restrições ao *habitat* de espécies selvagens, superexploração de recursos naturais e degradação das paisagens.

Esses impactos, que já são elevados em algumas regiões, podem comprometer os serviços ecossistêmicos para além de seus pontos de inflexão (*tipping points*) e levar ao rebaixamento do nível de proteção legal de áreas de preservação ecológica para facilitar o acesso a determinados recursos naturais. Além disso, os projetos de infraestrutura devem impulsionar consideravelmente a demanda de matérias-primas para a produção de concreto e cimento. No que tange às emissões de gases responsáveis pelo efeito estufa, a China, que já responde atualmente por cerca de um terço das emissões globais, pretende com a "Nova Rota da Seda" construir oleodutos e gasodutos que reforçarão ainda mais a dependência internacional do uso de combustíveis fósseis.[35]

Conforme sugerimos anteriormente, a emergência e o posterior desenvolvimento do conceito de "civilização ecológica" responde às necessidades das autoridades chinesas de criar um enquadramento teórico-normativo a partir do qual se elaboram narrativas oficiais fundamentalmente otimistas sobre a capacidade da China de superar seus graves problemas ambientais sem comprometer as premissas do seu crescimento econômico. O paulatino enraizamento da "civilização ecológica" nos documentos oficiais do PCCh e seu maior relevo enquanto diretriz para a formulação de políticas públicas não deve, contudo, obscurecer o fato de que os sentidos atribuídos à "civilização ecológica" configuraram um campo de disputas entre as elites políticas chinesas.

Não por acaso, o alinhamento de Pan Yue com os manifestantes contrários à construção da indústria de PX em Xiamen e sua liderança nos programas de inspeção ambiental que colocaram em xeque cento e dez projetos industriais de larga escala entre 2005 e 2007 valeram-lhe o respeito da sociedade civil, ao mesmo tempo que lhe

---

[35] Cf. ASCENSÃO, F. *et al.* "Environmental challenges for the Belt and Road Initiative".

angariaram poderosos inimigos, culminando em sua marginalização e silenciamento político. Em que pese algumas concessões democráticas, como o dispositivo que permite às ONGs processarem legalmente indústrias poluidoras, a governança ambiental chinesa ainda permanece fortemente orientada por critérios autoritários de centralização política e pouco permeável à participação popular no gerenciamento dos conflitos ambientais. Embora tenha contribuído para impulsionar programas de combate à poluição, o conceito de "civilização ecológica" tal qual perseguido pelo governo chinês também serviu como base ideológica para deslegitimar os protestos autônomos da população urbana contra as consequências insalubres do desenvolvimento econômico e restringir tanto o debate público como acadêmico aos limites permitidos pela censura governamental.[36]

Por razões políticas que remetem à afirmação da soberania nacional e ao apelo a elementos das tradições culturais chinesas, o conceito de "civilização ecológica" foi formulado como uma alternativa aos modelos ocidentais de "desenvolvimento sustentável". Apesar disso, seus limites e suas contradições revelam diversas analogias com as insuficiências dos projetos de modernização ecológica nos países capitalistas do Ocidente: o crescimento econômico permanece como dogma inquestionável, os avanços tecnológicos são apresentados como panaceia para o colapso ecológico e os processos de reforma ambiental são

---

[36] Cf. GORON, C. "Ecological Civilisation and the Political Limits of a Chinese Concept of Sustainability".

negociados no interior do atual modelo de produção, não importa o quão destrutivo ele seja.

De maneira semelhante aos demais países industrializados, a economia chinesa alimenta suas estatísticas de crescimento tanto dos setores que promovem melhorias quanto daqueles que resultam em degradação ambiental, de modo que os imperativos do crescimento não são suficientemente problematizados em relação aos limites dinâmicos da resiliência ecológica local e planetária. Isso explicaria por que, mesmo em face do crescimento relativo da "economia verde", os chineses permanecem numa encruzilhada civilizacional em que o meio ambiente continua representando um dos maiores desafios à manutenção da estabilidade política e à construção do "sonho chinês".

Nesse sentido, a realocação de projetos poluentes para áreas rurais e os impactos dos investimentos chineses nos países do Sul Global, com todas as suas repercussões em termos de degradação de biomas e depleção dos recursos naturais, explicariam o caráter refratário da "civilização ecológica" frente às abordagens pautadas pela defesa da "justiça ambiental". Em que pese a tentativa de apresentar a "civilização ecológica" como uma missão global, as consequências práticas dos investimentos chineses em países de média e baixa renda revelam antes seus déficits em termos de "cosmopolitismo ambiental".

Numa palavra, o projeto de "civilização ecológica" reproduz de maneira ampliada as disparidades socioeconômicas existentes, enquanto as narrativas oficiais em torno desse conceito contribuem para invisibilizar, também, no interior das fronteiras chinesas, as articulações desiguais entre rural e urbano, de modo que as províncias do interior e as populações subalternas que nela residem são instrumentalizadas para garantir a afluência das classes médias urbanas das províncias costeiras.[37]

Sem incorporar no cerne de seu projeto uma orientação cosmopolita e sem reconhecer os sacrifícios desproporcionais que são impostos às populações rurais e aos demais subalternos do Sul Global para garantir a afluência das camadas médias urbanas, a "civilização ecológica" tende a permanecer como um glamoroso instrumento retórico que mascara as contradições de um programa político que, sob um ponto de vista teórico crítico, mais se assemelha a uma espécie de "desenvolvimento sustentável com características chinesas", ou seja, um processo de modernização ecológica em larga escala, conduzido segundo parâmetros autoritários, fortemente dependente de abordagens centradas no viés tecnológico e em megaprojetos de geoengenharia, mas incapaz de responder com efetividade aos desafios do aquecimento global, à acidificação dos oceanos, à contaminação do ambiente e à acelerada depleção dos recursos naturais e da biodiversidade.

Referências

ASCENSÃO, F. et al. "Environmental challenges for the Belt and Road Initiative". *Nature Sustainability*, v. 1, p. 206-9, 2018.

BOMBARDI, L. M. *Geografia do uso de agrotóxicos no Brasil e conexões com a União Europeia*. São Paulo: FFLCH/USP, 2017.

---

[37] Cf. LORD, E. *Building in Ecological civilization across the Rural/Urban Divide and the Politics of Environmental Knowledge.*

CCICED – China Council for International Cooperation on Environment and Development. *Ecological Civilization in China and the World*. Beijing: China environment Press, 2016.

CHEN, C. J. "Growing social unrest and emergent protest groups in China". In: HSIA, H. M.; LIN, C. *Rise of China: Beijing's Strategies and Implications for the Asia-Pacific*. New York: Routledge, 2009.

FEARNSIDE, P. M.; FIGUEIREDO, A. M. R. "China's Influence on Deforestation in Brazilian Amazonia: A Growing Force in the State of Mato Grosso". Discussion Paper. *Global Economic Governance Initiative* (GEGI), 2015.

GARE, A. "China and the Struggle for Ecological Civilization". *Capitalism, Nature and Socialism*, v. 23, n. 4, p. 10-26, 2012.

GEALL, S.; ELY, A. "Narratives and pathways towards an ecological civilization in contemporary China". *China Quarterly*, v. 236, p. 1175-96, 2018.

GORON, C. "Ecological Civilisation and the Political Limits of a Chinese Concept of Sustainability". *China Perspectives*, v. 4, p. 39-52, 2018.

HARVEY, F. "China pledges to become carbon neutral before 2060". *The Guardian*, 22 nov. 2020. Disponível em: https://bit.ly/3gepw3h. Acesso em: 31 mar. 2021.

HE, G. *et al*. "Revising China's Environmental Law". *Science*, v. 341, p. 133, 2013.

HUANG, R.; SUN, X. "Dual mediation and success of environmental protests in China: a quantitative comparative analysis of 10 cases". *Social Movement Studies*, v. 19, i. 4, p. 408-25, 2020.

KENNEDY, J. "Environmental Protests in China on Dramatic Rise, Expert Says". *South China Morning Post*, 29 out. 2012. Disponível em: https://bit.ly/3tmh5qy. Acesso em: 31 mar. 2021.

LAU K. "A Subaltern Perspective on China's Ecological Civilization". *Monthly Review*, v. 70, i. 5, 2018.

LI, X. *et al.* "Authoritarian environmentalism and environmental policy implementation in China". *Resources, Conservation & Recycling*, v. 145, p. 86-93, 2019.

LI, Y.; KOPPENJAN, J.; HOMBURG, V. "Governing environmental conflicts: A comparative analysis of protests against industrial facilities in urban China". *Local Government Studies*, v. 43, i. 6, p. 992-1013, 2017.

LORD, E. *Building na Ecological civilization across the Rural/ Urban Divide and the Politics of Environmental Knowledge*. Toronto: University of Toronto, Department of Geography and Planning, 2018.

LYONS, P. *Red Skies: The Impact of Environmental Protests in the People's Republic of China (2004-2016)*. Dayton: Wright State University, 2018.

MOL, A. P. J.; CARTER, N. T. "China's Environmental Governance in Transition". *Environmental Governance in China*. New York: Routledge, 2007.

MÜLHHAHN, K. "Can Environmental Activism Succeed in China?" *Literary Hub*, 28 jan. 2019. Disponível em: https://bit.ly/3gdq4GC. Acesso em: 31 mar. 2021.

NPC – National People's Congress Of China. *13th Five-Year Plan*. Beijing, 2016.

OECD – Organization for Economic Cooperation and Development. *China's Progress Towards Green Growth*. October 2020. Disponível em: https://bit.ly/3e3ub5o. Acesso em: 31 mar. 2021.

PAN Y. "The Chinese Miracle Will End Soon". Interview with China's Deputy Minister of the Environment. *Der Spiegel*, 07 mar. 2005. Disponível em: https://bit.ly/3e4lIif. Acesso em: 31 mar. 2021.

SOUZA, L. E. V. "A internalização paradoxal dos critérios de sustentabilidade na formulação das estratégias de Brasil e China para o setor energético". In: FERREIRA, L. C. (Org.). *O desafio das mudanças climáticas: os casos de Brasil e China*. Jundiaí: Paco Editorial, 2017.

SOUZA, L. E. V.; CAVALCANTE, A. G. M. "A 'unidade dos contrários' na análise dos fluxos e impactos ambientais das relações Brasil-China". *Ideias*, v. 9, n. 2, p. 133-60, 2018.

SOUZA, L. E. V.; CAVALCANTE, A. M. G. "Towards a sociology of energy and globalization: Interconnectedness, capital and knowledge in the Brazilian solar photovoltaic industry". *Energy Research and Social Sciences*, v. 21, 145-54, 2016.

SOUZA, L. E. V.; FETZ, M.; CAVALCANTE, A. G. M. "Miracle or Mirage? Critical Contributions to the Theory of Ecological Modernization in the Light of the Desertec Project". *Ambiente & Sociedade*, v. 23, p. 1-18, 2020.

STEINHARDT, H. C.; WU, F. "In the Name of the Public: Environmental Protest and the Changing Landscape of Popular Contention in China". *The China Journal*, v. 75, 2016.

URBAN, F.; MOHAN, G.; COOK, S. "China as a new shaper of international Development: the environmental implications". *Environment, Development and Sustainability: A Multidisciplinary Approach to the Theory and Practice of Sustainable Development*, v. 15, p. 257-63, 2013.

WANG, Z.; HE, H.; FAN, M. "The Ecological Civilization Debate in China: The Role of Ecological Marxism and Constructive Postmodernism – Beyound the Predicament of Legislation". *Monthly Review*, v. 66, i. 6, 2014.

WEN, T. *et al*. "Ecological Civilization, Indigenous Culture and Rural Reconstruction in China". *Monthly Review*, v. 63, i. 9, 2012.

YU, Y.; FENG, K.; HUBACEK, K. "China's unequal ecological Exchange". *Ecological Indicators*, v. 47, p. 156-63, 2014.

ZHOU, X. "Ecological Civilization in China: Challenges and Strategies". *Capitalism, Nature and Socialism*, 2020. DOI: 10.1080/10455752.2020.1802497.

Sobre os autores

Alexandre de Freitas Barbosa é professor livre-docente de história econômica do Instituto de Estudos Brasileiros da Universidade de São Paulo (IEB-USP). É bolsista produtividade do CNPq e coordenador do núcleo temático "Repensando o Desenvolvimento" no Laboratório Interdisciplinar do IEB (LABIEB). Economista com doutorado pela Universidade Estadual de Campinas (Unicamp) e historiador com mestrado pela USP, tem se dedicado desde 2006 a pesquisas sobre o impacto da ascensão chinesa no Brasil e na América Latina. Participou de seminários em universidades latino-americanas e chinesas, inclusive na China Academy os Social Sciences (CASS) e na Shanghai Academy of Social Sciences (SASS). Publicou artigos sobre a China em livros e revistas, como *China Quarterly*, *OASIS*, *Nueva Sociedad* e *Tempo do Mundo*.

Alexis Dantas é mestre em ciências econômicas e doutor em economia da indústria e da tecnologia pela Universidade Federal do Rio de Janeiro (UFRJ), pós-doutorado pelo Centro de Estudos Latino americanos (CESLA) da Universidade de Varsóvia. É professor titular na Faculdade de Ciências Econômicas da Universidade do Estado do Rio de Janeiro (UERJ), com atuação nos programas de Pós-Graduação em Economia e em Relações Internacionais. Coordena o Núcleo de Estudos das Américas (NUCLEAS) da UERJ. Possui publicações sobre economia brasileira e sobre a China contemporânea, algumas delas em parceria com Elias Jabbour (UERJ) e Carlos Espíndola (UFSC).

Bruno Hendler é professor de relações internacionais da Universidade Federal de Santa Maria (UFSM), doutor em economia política internacional pela UFRJ (com estágio de pesquisa na Renmin University, em Beijing) e mestre em relações internacionais pela Universidade de Brasília (UnB) (com estágio na Johns Hopkins University, em Baltimore). Participou do programa *Bridge to the Future-Exchange Camp for Sino-Latin America/Caribbean Young Leaders*, em Zhuhai (China). Coordena o Grupo de Estudos em Ásia-Pacífico, vinculado à UFSM. Publicou artigos em revistas especializadas sobre a história e a ascensão contemporânea da China. Autor do livro Ônus e bônus da Guerra ao Terror: Custos para os EUA e ganhos relativos da China em tempos de mudança no sistema-mundo moderno (Instituto Memória).

Elias Khalil Jabbour é doutor e mestre em geografia pela FFL-CH-USP. Professor da Faculdade de Ciências Econômicas e dos programas de Pós-Graduação em Ciências Econômicas e Relações Internacionais da Universidade do Estado do Rio de Janeiro (UERJ). Publicou livros e artigos sobre a dinâmica política, econômica e social da República Popular da China. Entre eles: *China: socialismo e desenvolvimento – sete décadas depois* (Anita Garibaldi, 2020); *China hoje: projeto nacional, desenvolvimento e socialismo de mercado* (Anita Garibaldi/EDUEPB, 2012); *China: desenvolvimento e socialismo de mercado* (UFSC); *Infraestruturas em energia e transportes e crescimento econômico na China* (EUMEDNET, 2004).

Francisco Foot Hardman é professor titular no Instituto de Estudos da Linguagem da Unicamp, onde ensina desde 1987, na área de Literatura e Outras Produções Culturais. Desde 2013, fez várias viagens de cooperação acadêmica com a China. Entre 2019-2020, foi professor visitante na Escola de Línguas Estrangeiras da Universidade de Pequim. Publicou os livros *Ai Qing: Viagem à América do Sul* (Ed. Unesp, 2019), em colaboração com Fan Xing, edição finalista do prêmio Jabuti e vencedora do prêmio da Associação Brasileira de Editoras Universitárias (ABEU) na categoria Tradução, e *Meu diário da China: a China real aos olhos de um brasileiro* (PKU Press, 2021), ambos em edições bilíngues.

Luiz Enrique Vieira de Souza é professor do Departamento de Sociologia e do Programa de Pós-Graduação em Ciências Sociais da Universidade Federal da Bahia (UFBA). Doutor em sociologia pela USP e pós-doutorado em sociologia ambiental pela Unicamp com estágio de pesquisa sobre as políticas ecológicas chinesas na Beijing Jiatong University. É autor do livro *Espelho Convexo: os escritos de Max Weber, Rosa Luxemburg, Karl Kautsky e Eduard Bernstein sobre a Revolução Russa de 1905* (Alameda Editorial, 2017). Publicou artigos, entre outras, nas revistas *Ambiente e sociedade*; *Energy Research & Social Science*; *Renewable & Sustainable Energy Reviews*.

Wladimir Pomar é ativista político desde os 13 anos, inicialmente no Partido Comunista (PC). Em 1962, fez parte do movimento que deu origem ao PCdoB. Foi preso em 1964 e solto no final do mesmo ano, vivendo clandestinamente até 1976, quando foi preso novamente. Libertado em 1979, ingressou no Partido dos Trabalhadores, integrando sua comissão Executiva Nacional entre 1984 e 1990. Foi o coordenador-geral da campanha "Lula presidente" em 1989. Publicou mais de uma dezena de livros, alguns sobre a China, entre os quais *O enigma chinês: capitalismo ou socialismo* (Alfa-ômega/Fundação Perseu Abramo, 1987); *China, o dragão do século XXI* (Ática, 2006); *A revolução chinesa* (Unesp, 2004) e *China: desfazendo mitos* (Publisher Brasil, 2009).

Coleção Ensaios

A proposta desta coleção é preencher uma lacuna no mercado editorial brasileiro: a publicação de obras redigidas por especialistas para o público geral, não especializado. Os autores, selecionados entre expoentes de sua área de atuação, apresentam resultados de pesquisas relevantes e originais – ou balanços da discussão intelectual sobre um tema determinado, em uma linguagem acessível, mantendo o rigor conceitual e dispensando o aparato acadêmico.

Os livros possuem abrangência multidisciplinar. Desdobram suas reflexões a partir do entrecruzamento de análises críticas da cultura, da política, da economia e da vida social em geral. Trata-se de uma atualização do modelo clássico de divulgação científica, direcionada para um leitor com bagagem e formação escolar e profissional distinta.

A linha editorial contempla traduções de autores e livros consagrados; predominam, porém, livros encomendados diretamente a autores brasileiros. Os quatro primeiros volumes são: (1) *China contemporânea: seis interpretações*, é uma reunião de seis ensaios sobre a transformação desse país em potência comercial, industrial e financeira; (2) *A superindústria do imaginário: como o capital transformou o olhar em trabalho e se apropriou de tudo que é visível*, de Eugênio Bucci, descreve e analisa a passagem da instância da palavra impressa para a da imagem ao vivo; (3) *Arqueologias do futuro: O desejo chamado Utopia e outras ficções científicas*, de Fredric Jameson, trata da atualidade da noção de "utopia" e dos cenários distópicos da ficção científica clássica e contemporânea; (4) *Operação Lava-Jato*, de Marjorie Marona e Fábio Kerche, compõe um relato crítico da gênese, desenvolvimento e término das ações da força-tarefa que mudou a história do Brasil.

A coleção é coordenada por Ricardo Musse, professor de sociologia na USP e reconhecido por sua atuação no jornalismo cultural. Ele foi um dos editores do Jornal de Resenhas e possui experiência como articulista de suplementos e cadernos culturais dos jornais *Folha de S.Paulo* e *O Estado de S.Paulo*.

Este livro foi composto com tipografia adobe Adobe Garamond Pro
e impresso em papel Off-White 80 g/m² na Formato Artes Gráficas.